Colônia Espiritual Laços Eternos

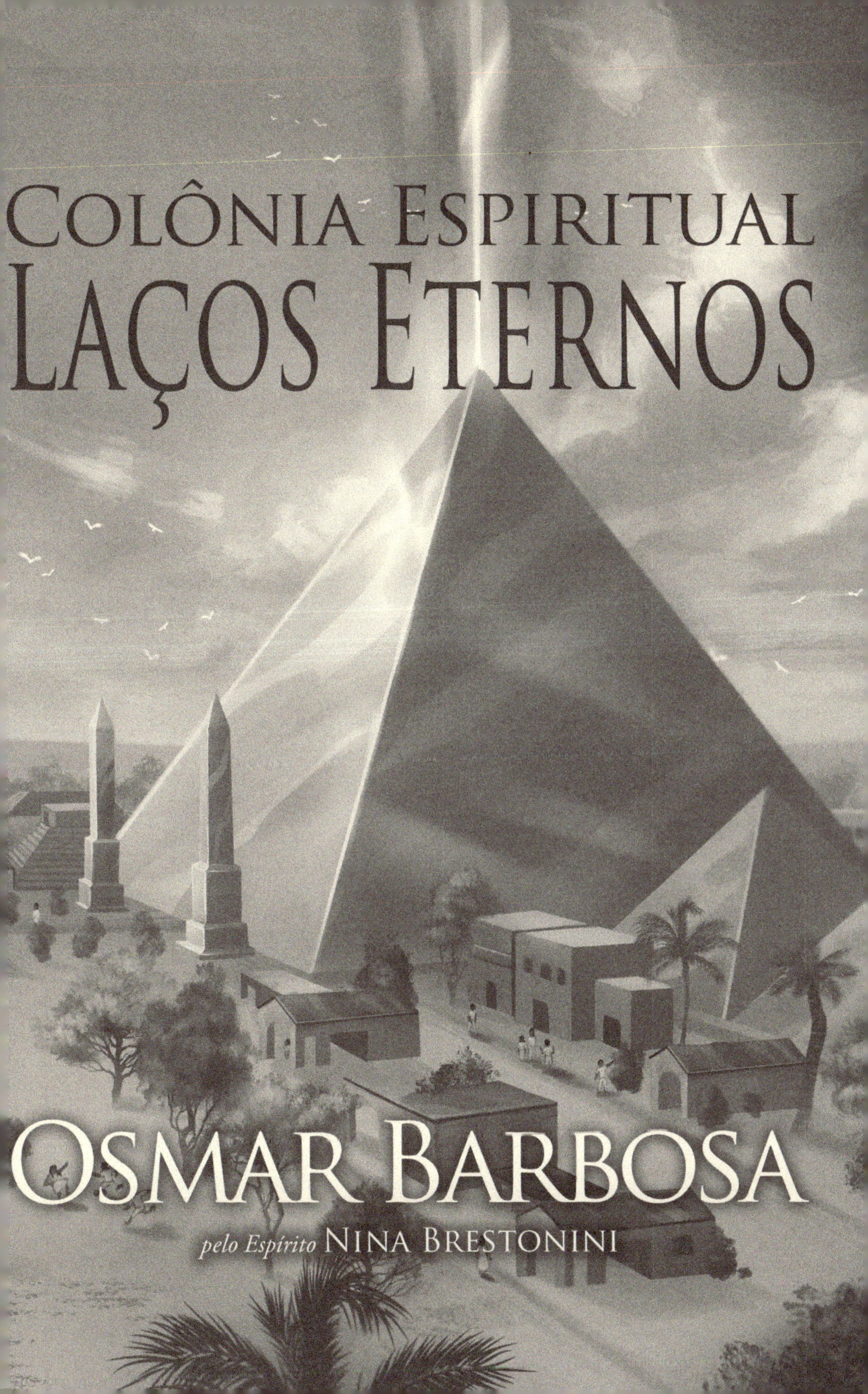
Colônia Espiritual
Laços Eternos
Osmar Barbosa
pelo Espírito Nina Brestonini

A você, que vai entrar agora nesta linda e reveladora psicografia, desejo muita luz, paz, amor e felicidade. Que as linhas por mim escritas lhe ajudem em sua jornada evolutiva.

São meus sinceros votos,

COLÔNIA ESPIRITUAL LAÇOS ETERNOS

Book Espírita Editora
1ª Edição
| Rio de Janeiro | 2022 |

OSMAR BARBOSA

pelo Espírito NINA BRESTONINI

BOOK ESPÍRITA EDITORA

Capa
Marco Mancen

Projeto Gráfico e Diagramação
Alone Editorial

Ilustrações capa e miolo
Manoela Costa

Revisão
Camila Coutinho

Marketing e Comercial
Michelle Santos

Pedidos de Livros e Contato Editorial
comercial@bookespirita.com.br

Região Oceânica, Niterói,
Rio de Janeiro.

1ª edição
Prefixo Editorial: 991053
Impresso no Brasil

Dados Internacionais de Catalogação na Publicação (CIP)
(Câmara Brasileira do Livro, SP, Brasil)

Brestonini, Nina (Espírito)
Colônia espiritual Laços Eternos / Espírito Nina Brestonini ; [psicografado por] Osmar Barbosa. -- 1. ed. -- Niterói, RJ : Book Espírita Editora, 2022.

ISBN 978-65-89628-20-0

1. Espiritismo 2. Literatura espírita 3. Obras psicografadas I. Barbosa, Osmar. II. Título.

22-115706 CDD-133.93

Índices para catálogo sistemático:

1. Mensagens psicografadas : Espiritismo 133.93

Eliete Marques da Silva - Bibliotecária - CRB-8/9380

BOOK ESPÍRITA
EDITORA

Outros livros psicografados por Osmar Barbosa

Cinco Dias no Umbral

Gitano – As Vidas do Cigano Rodrigo

O Guardião da Luz

Orai & Vigiai

Colônia Espiritual Amor e Caridade

Ondas da Vida

Antes que a Morte nos Separe

Além do Ser – A História de um Suicida

A Batalha dos Iluminados

Joana D'Arc – O Amor Venceu

Eu Sou Exu

500 Almas

Cinco Dias no Umbral – O Resgate

Entre nossas Vidas

O Amanhã nos Pertence

O Lado Azul da Vida

Mãe,Voltei!

Depois

O Lado Oculto da Vida

Entrevista com Espíritos – Os Bastidores do Centro Espírita

Colônia Espiritual Amor e Caridade – Dias de Luz

O Médico de Deus

Amigo Fiel

Impuros – A Legião de Exus

Vinde à Mim

Autismo – A escolha de Nicolas

Umbanda para Iniciantes

Parafraseando Chico Xavier

Cinco Dias no Umbral – O Perdão

Acordei no Umbral

A Rosa do Cairo

Deixe-me Nascer

Obssessor

Regeneração – Uma Nova Era

Deametria – Hospital Espiritual Amor e Caridade

A Vida depois da Morte

Deametria – A Desobsessão Modernizada

O Suicídio de Ana

Cinco Dias no Umbral – O Limite

Guardião Exu

Conheça um pouco mais de Osmar Barbosa:
www.osmarbarbosa.com.br

Agradecimentos

Agradeço, primeiramente, a Deus, por ter me concedido esse verdadeiro privilégio de servir humildemente como um mero instrumento dos planos superiores.

A Jesus Cristo, espírito modelo, por guiar, conduzir e inspirar meus passos nessa desafiadora jornada terrena.

A Nina Brestonini, e aos demais espíritos ao lado dos quais tive a honra e o privilégio de passar alguns dias psicografando este livro. Agradeço também, pela oportunidade, e por permitirem que essas humildes palavras, registradas nesta obra, ajudem as pessoas a refletirem sobre suas atitudes, evoluindo.

A minha família pela cumplicidade, compreensão e dedicação. Sem vocês ao meu lado, me dando todo tipo de suporte, nada disso seria possível.

E a você, leitor amigo, que comprou este livro, e com a sua colaboração nos ajudará a levar a Doutrina Espírita e todos os seus benefícios e ensinamentos para mais e mais pessoas.

Obrigado!

A todos, os meus mais sinceros agradecimentos.

Osmar Barbosa

Sumário

“

O livro é a chuva que fertiliza lavouras imensas, alcançando milhares de almas.

”

Emmanuel

Indicação, reflexão e estudo

A Codificação Espírita ensina um código de conduta que são as verdadeiras leis da natureza, às quais todos nós estamos submetidos: as leis morais. Assim, no processo evolutivo, o ser humano se vê condicionado à lei de causa e efeito e à lei do progresso, que, por vezes, trazem aprendizados e provas dolorosas.

Todavia, impera igualmente a lei do amor, de modo que a misericórdia divina está em todos os lugares, inclusive no mundo espiritual, onde existem verdadeiras organizações em que a caminhada evolutiva do ser tem continuidade: **as colônias espirituais.**

Deus, sendo justo, dá a todos, os desafios e as oportunidades necessárias para que, através do esforço, tenhamos o mérito pelas nossas conquistas.

Todos os Espíritos foram criados simples e ignorantes para que pudessem se esclarecer gradativamente. Na origem, seriam como as crianças inexperientes, só adquirindo pouco a pouco os conhecimentos necessários através das dificuldades vivenciadas na existência corporal.

Ao concluir uma prova, o Espírito permanece na sua memória com o aprendizado que ela lhe trouxe. No final, quando percorrermos as diferentes fases da jornada, nos tornaremos perfeitos.

Essa perfeição deve ser entendida de forma relativa, considerando-se o que se pode conquistar no plano evolutivo da Terra e nos mundos muito mais perfeitos.

Deus possui a perfeição infinita em todas as coisas e é perfeito de forma absoluta. Nós temos as possibilidades e devemos realizar todo esforço em alcançar a perfeição relativa, a de que a humanidade é suscetível. Isso vai nos aproximando mais da Divindade, nos aproxima dos propósitos de Deus.

Quando do retorno à esfera de carne, o Espírito pode melhorar seus valores através do esforço próprio ou enterrar-se ainda mais nos débitos para com o próximo por menosprezar as oportunidades que lhe foram conferidas, mas, independentemente das escolhas feitas e atitudes tomadas, Deus olha de igual maneira para os que se transviaram e para os outros e a todos ama com o mesmo coração, assistindo-os em todos os momentos através dos emissários que trabalham na seara do Bem.

Retorno para o mundo Espiritual

Na esfera espiritual, o Espírito continua sua jornada e encontra os recursos necessários para seu auxílio e progresso. Com efeito, Jesus exorta para que "*Não se turbe o vosso coração. Credes em Deus, crede também em mim.* ***Há muitas moradas na casa de meu Pai.***".

Essa revelação, além de explicitar a pluralidade dos mundos habitados, destinados à experiência encarnatória, também indica a existência de uma multiplicidade de "moradas" no mundo espiritual.

A passagem reforça, ainda, ser insustentável a noção dicotômica e tradicional de céu e inferno, que é completamente incompatível com a ideia da soberana justiça e bondade de Deus.

Na verdade, o mundo espiritual não é formado por meios estanques e bem delineados geograficamente, podendo variar ao infinito conforme a evolução do Espírito, ou seja, de acordo com a elevação de seus pensamentos e sentimentos e da sua maior ou menor ligação com o mundo material. Portanto, o destino do Espírito desencarnado não consiste propriamente em prêmio ou punição determinada casuisticamente por Deus, mas é verdadeiro reflexo da vibração do Espírito. Das nossas conquistas...

"Colhemos na vida espiritual os frutos da semeadura terrena."

Frei Daniel

O pensamento humano possui força criadora, sobretudo no mundo espiritual, em que a matéria é mais sutil, de modo que tudo quanto se pensa, de acordo com a intensidade da ideia, adquire forma e vida. E assim, cada alma entra em ressonância com as correntes mentais em que respiram aquelas que se lhe assemelham.

A literatura espírita traz relatos de diversos cenários no além-túmulo: inúmeras e variadas colônias, que agregam Espíritos durante o período em que permanecem na erraticidade, bem como zonas ainda marcadas por dores e sofrimentos, como o Umbral, o Limbo e as Trevas.

O **Umbral**, *"é a zona obscura de quantos no mundo não se resolveram a atravessar as portas dos deveres sagrados, a fim de cumpri-los, demorando-se no vale da indecisão ou no pântano dos erros numerosos"*.

Trata-se de região que começa na própria crosta e concentra Espíritos ainda revestidos de pesados fluidos, devido ao apego ao mundo material ou a sentimentos de egoísmo, orgulho, inveja, culpa ou remorso. Portanto, o Umbral é resultado das construções mentais negativas, nele permanecendo os Espíritos que as produzem e que com elas se sintonizam.

Vale destacar que o Espírito não estagiará necessariamente nas zonas umbralinas e que, mesmo aqueles que lá se encontram, permanecem apenas um período de tempo, mais ou menos longo, necessário ao esgotamento dos resíduos mentais. Aqueles que conseguem viver períodos maiores no Umbral, estão transgredindo a lei evolutiva e sofrem com o passar do tempo as consequências do ato delituoso.

O livro *Nosso Lar*, por exemplo, relata que André Luiz, aferrado ao seu orgulho, demorou-se no Umbral por cerca de oito anos; por outro lado, a personagem Teresa lá esteve por apenas algumas horas, enquanto Laura, sequer precisou enfrentar "*indecisões e angústias do Umbral*".

O **limbo** é onde estacionam temporariamente aqueles Espíritos que perderam toda forma perispiritual, devido às mazelas praticadas nas encarnações terrenas, sendo assim, necessitam de refazimento mental e fluídico, pois tornam-se Ovoides. São assistidos por Espíritos que cuidam de seu refazimento perispiritual, e, após longo período de tratamento, são levados aos hospitais espirituais existentes no Umbral e na maioria das colônias espirituais.

As **regiões trevosas**, por sua vez, são aquelas mais inferiores de que se tem notícia, onde estagnam espíritos efetivamente recrudescidos no mal. Como consequência das suas emanações mentais, prendem-se a verdadeiros abismos perturbadores pelo desvio voluntário do dever, insurgindo-se, muitas vezes, contra o próprio Criador.

Apesar da angústia que a notícia das zonas inferiores possa acarretar, é necessário ter em mente dois fatores, que reforçam a noção da infinita bondade divina. O primeiro deles é que todo mal é transitório. Em decorrência da sabedoria de Deus, o próprio mal é utilizado como ferramenta para o progresso: ainda que os cenários tenebrosos das zonas de sofrimento não possuam distrações ou elementos que instiguem à fuga mental, eles compelem as criaturas a se voltarem para dentro de si mesmas, no reconhecimento dos seus próprios erros.

O segundo é que o amor de Deus está sempre presente em toda a criação, de modo que mesmo nos locais mais tenebrosos do mundo espiritual, há socorro disponível. Como diz o Salmo 139: "*Deus sonda e conhece a todos, e pode ser encontrado em qualquer lugar, mesmo nas regiões sombrias e abismais*".

A lei de causa e efeito é inafastável, mas não inflexível, contando com dois fatores importantíssimos: o tempo e a reencarnação. Assim, ainda que a colheita seja vinculada à semeadura, a boa vontade permite que o enfrentamento dos efeitos ocorra da forma mais leve e proveitosa possível.

Há que se pontuar, todavia, que o livre-arbítrio permanece, mesmo no mundo espiritual. Assim, o amparo depende do sincero desejo de ser socorrido, possibilitando, inclusive, a sintonia vibratória necessária para a cooperação dos Espíritos missionários que trabalham incansavelmente no amparo e auxílio ao próximo, como revela a máxima de nosso irmão Jesus:

" 'Amarás o Senhor teu Deus de todo o teu coração, de toda a tua alma, e de todo o teu entendimento!' Esse é o maior e o primeiro mandamento. O segundo é semelhante a esse: 'Amarás ao teu próximo como a ti mesmo.' "

Mateus:22:37

As obras espíritas nos oferecem a certeza do auxílio. Muitas vezes, os Espíritos familiares e amigos da pessoa, já desencarnados, vêm recebê-la à entrada do mundo dos Espíritos e ajudam-na a desligar-se das faixas da matéria, como vamos observar nessa obra.

Em *Nosso Lar*, a avó da personagem Hilda vai buscá-la no Umbral, exortando-a a vivenciar os ensinamentos religiosos aprendidos; em *Obreiros da Vida Eterna*, Zenóbia e Ernestina recorrem aos amigos para irem ao encontro de Domênico, preso em zona de sofrimento por se manter em temível aridez do coração; o próprio André Luiz, por sua vez, tem a oportunidade de auxiliar seu avô, há muito tempo absorvido pela ganância, como se vê na obra *No Mundo Maior*.

No livro *Cinco Dias no Umbral*, pudemos acompanhar o resgastc de Soraya que havia sido assassinada, e logo socorrida por sua prima Nina Brestonini, recém-chegada à vida espiritual. Ela e seus amigos da Colônia Espiritual Amor e Caridade tinham somente cinco dias para cumprir a missão espiritual e, assim, o fizeram após enfrentarem tenebrosos desafios.

Existem verdadeiras equipes, organizadas em diversas colônias, que se ocupam do penoso trabalho de amparo aos desventurados que ainda se mantêm nas regiões inferiores. Vale ressaltar que o livre-arbítrio existe em todos os lugares.

O mundo espiritual conta, ainda, com instituições situadas nas próprias zonas umbralinas, voltadas ao acolhimento e tratamento de Espíritos, para seu posterior encaminhamento a colônias espirituais, ou mesmo, seu retorno ao mundo material, em reencarnações retificadoras ou compulsórias.

Como exemplo, os livros "*Missionários da Luz*" e "*Nos Domínios da Mediunidade*" mencionam os hospitais espirituais, criados como refúgio para desesperados, conduzidos para início dos seus processos de recuperação positiva.

Por sua vez, a obra "*Os Mensageiros*" relata a visita de André Luiz a um Posto de Socorro. A organização é vinculada à Colônia Campos da Paz, a qual foi organizada em região inferior como "*instituto de socorro imediato aos que são surpreendidos na Crosta com a morte física, em estado de ignorância ou de culpas dolorosas*".

Por fim, tem-se o relato, em "*Obreiros da Vida Eterna*", da existência da Casa Transitória de Fabiano. A instituição, que se transfere de tempos em tempos de uma região para outra, atendendo às circunstâncias, foi fundada para acolher Espíritos que vivem em região abismal e prepará-los para a reencarnação.

A dedicação e a organização dos Espíritos amigos são tão admiráveis que há uma cuidadosa preparação para o acolhimento de Espíritos em caso de catástrofes, inclusive, com a criação de instituições temporárias e agrupamentos de equipes excepcionais.

No tsunami que ocorreu no oceano Índico, em 2004, foram adotadas providências para o auxílio possível, com a convocação de Espíritos de todo o mundo para atuarem em grupos de resgate espiritual, além da construção de um Posto de Socorro sobre a região que sofreu mais danos decorrentes do epicentro da catástrofe.

Daniel, governador espiritual da Colônia Amor e Caridade, nos revela: "Houve uma grande movimentação entre as colônias espirituais e muita atividade de socorro durante a atual pandemia de covid-19. Formaram-se grupos com finalidades diversas, como para inspirar os pesquisadores e profissionais da área da saúde, para o auxílio aos doentes, além da adoção de todas as '*providências para receber os irmãos que desencarnaram sob a trágica tempestade viral', direcionando os aos diversos hospitais na espiritualidade*".

Colônias Espirituais

Os espíritos que não estagiam nas zonas de sofrimento, ou aqueles que delas são resgatados, passam a viver nas colônias espirituais, também chamadas de comunidades espirituais, cidades espirituais ou mundos transitórios. Nesses locais, grupos de Espíritos errantes (ou desencarnados) se estabelecem, transitoriamente, enquanto aguardam novas encarnações. Se ocupam nas tarefas diárias da colônia a fim de esperar pelas oportunidades evolutivas.

São cidades estruturadas em edifícios de natureza sólida, sobre terreno fértil e vegetação com estreita semelhança ao que se conhece na Crosta, e podem ser de tipos diversos, tais como socorristas, correcionais, de estudo, de desenvolvimento das artes, de pesquisas no conhecimento científico e muitas outras. Há colônias especializadas no atendimento a crianças, um misto de escola de mães e domicílio dos pequeninos que regressam da esfera carnal, como é o caso da Colônia Espiritual Amor e Caridade.

As colônias apresentam prédios, pátios, jardins, casas, parques, árvores, hospitais, lazer, bibliotecas, onde os Espíritos trabalham, estudam, reúnem-se às suas famílias desencarnadas, quando possível, e descansam. Tal conceito foi amplamente abordado na série denominada *A Vida no Mundo Espiritual*, psicografada pelo espírito André Luiz, através do médium Chico Xavier, iniciada pelo livro *Nosso Lar*.

Allan Kardec, nas obras básicas da Doutrina Espírita, não se refere explicitamente às colônias, mas nelas se encontram algumas referências a isso.

Os Espíritos informam que no mundo invisível há elementos materiais disseminados por todos os pontos do espaço na atmosfera, e que eles têm um poder sobre esses elementos que se está longe de suspeitar. Eles podem concentrar a vontade deles nesses elementos e fazer a matéria etérea passar pelas transformações que quiserem.

Em uma comunicação, o Espírito de uma condessa chamada Paula, faz uma comparação da Terra com o mundo espiritual: "*Os vossos palácios de dourados salões, que são eles comparados a estas moradas aéreas, vastas regiões do espaço matizadas de cores que obumbrariam o arco-íris?*".

Os Espíritos informam, ainda, que na erraticidade se aplicam a pesquisar, estudar, observar. Onde poderiam executar essas atividades, se não em locais que ofereçam uma estrutura adequada para isso?

Nas colônias, é natural que a luta do bem para extinguir o mal ou o desequilíbrio da mente, continue com as características conhecidas na Crosta da Terra.

O interesse pela ascensão do Espírito aos planos superiores é a marca de todos aqueles que já despertaram para o respeito a Deus e para o amor ao próximo.

O trabalho do bem é incessante. A religião não tem dogmatismo; a filosofia acata os melhores pensamentos onde quer que eles se manifestem; a ciência é humanitária; e o esforço pelo próprio aperfeiçoamento íntimo é impulso infatigável em todas as criaturas de boa vontade.

Existem centenas de colônias em torno da Terra, obedecendo às leis que regem os seus movimentos de rotação e translação. Algumas dessas colônias são descritas no livro *Moradas Espirituais*, mas há referências em muitos outros livros. Cada uma delas apresenta particularidades essenciais quanto à estrutura, de acordo com a sua finalidade e permanece em degraus diferentes na grande ascensão.

As colônias em formação (e há várias ainda), buscam inspiração nos trabalhos de abnegados trabalhadores de outras esferas. Existem colônias localizadas nas zonas umbralinas, como anteriormente citado, mas também outras, situadas em zonas espirituais mais elevadas. Em diversos livros, há a descrição do momento de uma prece, quando emissários dos planos superiores irradiam energias sutis que são captadas por aquele que ora e, daí então, são transmitidas aos presentes. Nesses planos superiores, onde habitam esses emissários divinos?

No livro *Memórias de um Suicida*, o autor espiritual foi recolhido da zona de sofrimento e conduzido para a colônia correcional Maria de Nazaré. Essa mesma obra fala de Caravanas fraternas, de Espíritos em estudos e aprendizados beneficentes, assistidas por Mentores eméritos, que penetravam aquela tristonha região, provindas de zonas espirituais mais favorecidas.

No livro *Colônia Espiritual Amor e Caridade*, Daniel e seus abnegados companheiros do amor, recebem, cuidam e instruem centenas de crianças que desencarnam vítimas de câncer. Os hospitais dessa colônia recebem pacientes que são levados, em desdobramento, para o tratamento necessário em suas enfermarias. Assistem, ainda, a centenas de centros espíritas sobre o orbe terreno, orientando e instruindo os médiuns que se dedicam à incansável e delicada tarefa evolutiva.

No livro *Transição Planetária*, é descrita a Colônia Redenção em operosas atividades de resgate e, uma outra, sobre Minas Gerais, ambas situadas em zonas superiores.

O intercâmbio entre as colônias espirituais é constante e natural, tal qual acontece na Terra entre as diferentes comunidades que se sustentam e confraternizam. Embora cada qual possua as suas próprias e específicas características, todas operam em favor do desenvolvimento moral dos seus habitantes desencarnados, preparando-os para os cometimentos futuros nas reencarnações abençoadas.

André Luiz, no livro *Sexo e Destino*, fala do Instituto Almas Irmãs, um hospital-escola destinado ao acolhimento daqueles necessitados de reeducação sexual. Após o resgate das regiões trevosas, são admitidos e recebem tratamento, planejamento e amparo na reencarnação. Aqueles que aproveitam os recursos e vencem as provas, recebem oportunidades de trabalho, em estâncias superiores.

Em *Nosso Lar,* descreve-se moradias mais elevadas, na qual mora a Ministra Veneranda, por exemplo, que tem a oportunidade de visitar, em sonho e em desdobramento, a genitora na sua elevada colônia.

O livro *Os Mensageiros*, fala de Ismália, que tem residência num plano superior ao do seu esposo, Alfredo, mas que visita-o mensalmente para infundir-lhe ânimo.

Emmanuel nos relata uma formosa cidade espiritual, nas adjacências da Crosta Planetária, onde iluminado orientador preparava falanges enormes de Espíritos convertidos ao bem, para a batalha de suor e sangue, o retorno à carne na época em que os cristãos desapareciam nas fogueiras e nas cruzes, nos suplícios intermináveis ou nas mandíbulas das feras.

O livro *Renúncia*, descreve um templo de trabalho e oração ligado às esferas de Sírius, onde Alcione roga o seu retorno à encarnação na Terra. Tem majestosas proporções e é dominado por pensamentos intraduzíveis. Nesse templo, os trabalhadores prestavam auxílio ao planeta Terra. Alcione trabalhava auxiliando os benfeitores da Arte terreal relativamente ao ritmo e harmonia musicais. Ela foi desligada das suas obrigações a fim de que se adaptasse às situações adversas das regiões inferiores, pois, para isso, deveria gastar quase dez anos terrestres.

A cidade espiritual mais conhecida dos leitores espíritas é a Nosso Lar, apresentada nos livros do Espírito André Luiz. A seguir, relatam-se as descrições, apresentadas no próprio livro:

Colônia consagrada ao trabalho e ao socorro espiritual, nela habitam homens e mulheres, jovens e adultos, que já se desvencilharam do corpo físico e que, após o decurso de estágio de serviço e aprendizado, voltam a reencarnar, para atividades de aperfeiçoamento. "Nosso Lar" foi fundada por portugueses desencarnados no Brasil, no século XVI, por meio de enorme trabalho, considerando estar em região próxima ao Umbral, na qual havia "*substâncias ásperas nas zonas invisíveis à Terra, tal como nas regiões que se caracterizam pela matéria grosseira*".

A partir da descrição de André Luiz, nota-se que, apesar da colônia possuir tecnologias e recursos mais avançados, além da forma e tipo de matéria aprimorada, havia grande semelhança com as estruturas do mundo material, com organização e elementos (praças, casas, edifícios, parques e bosques) similares.

Quanto a isso, o personagem Lísias ainda revela que as cidades terrenas, na verdade, são inspiradas nas cidades espirituais, pois toda manifestação de ordem procede do plano superior, de modo que "*nenhuma organização útil se materializa na Crosta terrena, sem que seus raios iniciais partam de cima*".

A colônia se divide em áreas, sob a responsabilidade de seis ministérios, quais sejam: o da Regeneração, do Auxílio, da Comunicação, do Esclarecimento, da Elevação e da União Divina. Cada ministério está sob a orientação de doze ministros. Na praça central, há o ponto de convergência, onde fica a Governadoria.

Há rigorosa observância da ordem e da hierarquia, no sentido de que nenhuma condição de destaque é obtida por meio de favor, decorrendo necessariamente do merecimento. Contudo, no planeta, o mérito é aferido pelo resultado, enquanto nas colônias, sem a visão limitada dos

Homens, conta-se mais o progresso realizado que a estagnação em uma posição moral e intelectiva, ainda que relativamente superior.

A lei do descanso é respeitada, de modo a não sobrecarregar os servidores, porém, "*a lei do trabalho é rigorosamente cumprida*". O Governador, inclusive, é descrito como o trabalhador mais dedicado e que quase nunca repousa. A obra *Nosso Lar* fala, inclusive, da necessidade de nutrição, com relatos de caldos, sucos e frutas, que se assemelham a concentrados fluídicos.

Apesar de haver necessidade de alimentação em toda a colônia, há diferenças quanto à feição substancial: enquanto nos ministérios da Regeneração e do Auxílio, onde permanecem os espíritos em recuperação ou no desempenho de trabalhos mais pesados, há substâncias alimentícias que lembram as do mundo material, existem outros Espíritos que dominam a "*ciência da respiração e da absorção de princípios vitais da atmosfera*".

Ademais, existe água na colônia, porém, com outra densidade, mais tênue e pura, e que tem como fonte de abastecimento o chamado Rio Azul. O livro destaca que a água é "*veículo dos mais poderosos para fluidos de qualquer natureza*", sendo utilizada principalmente como alimento e remédio. Relata que, após a magnetização das águas do rio por trabalhadores do ministério da União Divina, outros institutos realizam trabalhos especiais, no suprimento de substâncias alimentares e curativas.

Em Nosso Lar há, também, um indicador de remuneração, denominado bônus-hora. Exerce uma função semelhante ao dinheiro, porém, não é propriamente moeda, mas ficha de serviço de cada Espírito. Os habitantes possuem acesso a vestuário e alimentação essenciais, cuja produção pertence a todos. Da mesma forma, as construções em geral representam patrimônio comum, sob controle da Governadoria.

Todavia, aqueles que cooperam ativamente, conseguem a aquisição de outras utilidades e benefícios, como fruto do próprio esforço. Por exemplo, é possível que cada família espiritual obtenha um lar, tal como o do enfermeiro Lísias, visitado por André Luiz e descrito como "*ambiente simples e acolhedor*", com "*móveis quase idênticos aos terrestres; objetos em geral, demonstrando pequeninas variantes*".

Apesar da utilização do bônus-hora como parâmetro, verifica-se que a verdadeira aquisição por meio do trabalho é de cunho espiritual: a experiência, o aprendizado, a extensão de possibilidades. No que tange à locomoção, o livro *Nosso Lar* expõe a existência de um veículo suspenso do solo, para transporte de passageiros, com enorme comprimento, ligado a fios invisíveis.

Há notícias de que alguns Espíritos da colônia possuem a capacidade de volitar, ou seja, de se deslocar a alguma distância do solo. Contudo, o transporte de espíritos resgatados do Umbral é feito de forma mais rústica, devido à densidade da matéria e também por espírito de compaixão com os que lá permanecem.

André Luiz, por exemplo, foi levado por dois trabalhadores, por meio de um lençol usado como maca posteriormente, já como trabalhador da colônia, relata a chegada de uma caravana de socorro que contava com seis grandes carros puxados por animais.

Essa é uma das razões pela qual as colônias de socorro se localizam nas zonas umbralinas, para que estejam mais próximas dos necessitados, diferentemente daquelas de níveis espirituais mais elevados, em que, apesar da dedicação a outras atividades, que não o acolhimento direto, sempre desempenham muito trabalho na assistência em nome de Jesus.

Considerando a diversidade de cenários possíveis no além-túmulo, mostram-se improdutivos eventuais questionamentos quanto ao destino de outras pessoas no retorno ao mundo espiritual, ou mesmo tentar criar regras comparativas.

Cada criatura é um ser único, um verdadeiro universo, de modo que cada desencarnação é singular. Os casos apresentados na literatura espírita têm a finalidade apenas de expor parâmetros e possibilitar esclarecimentos, de modo a incentivar cada pessoa na reflexão em seu próprio progresso moral.

Os encarnados, todavia, possuem um recurso importante, que permite a colaboração para com aqueles que se desligaram do corpo físico, que são as boas vibrações. Todos possuem em si, pelo pensamento e pela vontade, um poder de ação que se estende bem além dos limites de nossa esfera corporal, por meio da oração.

Apesar de a prece não resultar na mudança dos desígnios de Deus, a alma para a qual se ora recebe um alívio quando encontra almas caridosas que compartilham das suas dores. O desejo de melhorar, estimulado pela prece, atrai para o Espírito sofredor os Espíritos melhores, que vêm esclarecê-lo, consolá-lo e dar-lhe esperança. Importante considerar que, acima de todas as circunstâncias, encontra-se Jesus e a Sua doutrina de amor, que corrige e ampara, sem nunca deixar a sós aqueles que O buscam na sua ânsia de serem felizes.

O intuito de trazer essas informações é simplesmente o de informar o leitor deste livro que, o estudo sistematizado, nos afasta da incredulidade, além, é claro, de nos impulsionar evolutivamente levando-nos para outro patamar.

Boa leitura para todos!
Osmar Barbosa

Crédito ao artigo, aos autores e livros citados.

Localização da Colônia Espiritual Laços Eternos

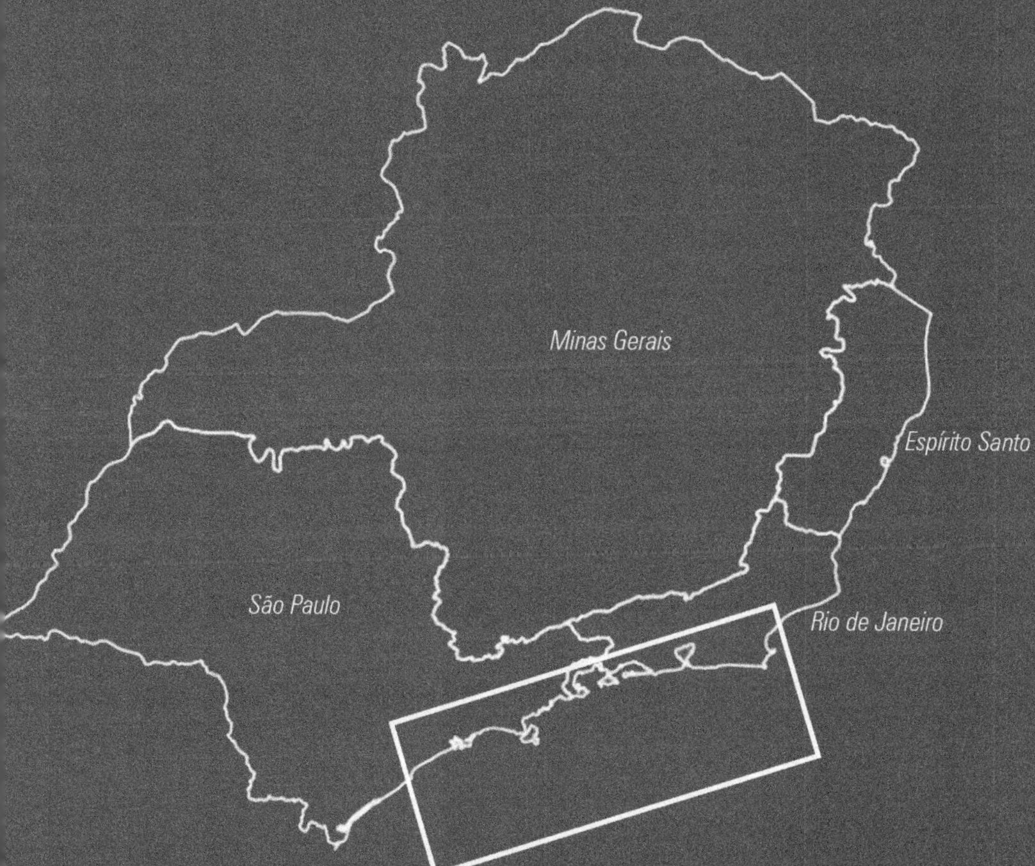
Minas Gerais
Espírito Santo
São Paulo
Rio de Janeiro

“

Na casa do meu Pai há muitas moradas.

”

Jesus

Colônia Espiritual Laços Eternos

A Colônia Espiritual Laços Eternos está localizada no Brasil, entre o Rio de Janeiro e o litoral de São Paulo, mais precisamente, inicia-se na praia do Flamengo no Rio, e termina na Praia Grande, em São Paulo. A maior parte dela está sobre o oceano Atlântico.

Seu formato é de um retângulo. É uma colônia considerada de porte grande. Fundada por benfeitores do Astral Superior em meados do século XIV, Laços Eternos é a colônia onde vivem os espíritos que terminaram suas experiências corpóreas após terem cumprido, através de encarnações sucessivas, os resgates necessários a não precisarem mais encarnar em um corpo humano.

Após reparação, refazimento perispiritual, conscientização e planejamento, muitos deles passam a viver em Laços Eternos à espera dos espíritos afins e dos familiares que ainda expiam nas encarnações terrenas. Após esses períodos, todos seguem suas trajetórias pessoais evolutivas.

Há vários setores em Laços Eternos, os mais visitados são:

Hospitais e abrigo;

Albergues;

Escolas;

Informações e notícias;
Conscientização;
Refazimento perispiritual, dentre outros.

Há também os ministérios, são eles:
Administração;
Governadoria;
Regeneração;
Auxílio;
Refazimento;
Esclarecimento e conscientização;
Programação futura.

E há, ainda, os setores administrativos.

Todos que chegam à Laços Eternos, após períodos de reparação, conscientização e refazimento, são levados ao encontro daqueles que os esperam.

Na parte central da colônia tem uma grande pirâmide, local onde concentram-se a administração, a governadoria e os setores logístico e operacional. Há, ainda, mais alguns prédios em formato de pirâmides em toda a colônia.

Ao redor, há muito verde e áreas residenciais, verdadeiros condomínios com pequenas casas coloridas, tendo na frente delas, lindos jardins, e não há cerca para separá-las, apenas calçadas feitas com pequenos blocos coloridos.

A grande pirâmide da administração e governadoria é um lugar muito movimentado, e é também o lugar onde a maioria dos espíritos que lá vivem, trabalha. Esse prédio, ou melhor, essa pirâmide, é muito grande. É nela que estão concentradas todas as alas, setores, departamentos, escolas, núcleos, teatros, museus, tudo...

À esquerda, há um grande lago rodeado de ipês-amarelos, lugar onde os espíritos se encontram para conversar e para o descanso após as tarefas evolutivas nos centros de apoio, nas escolas, e demais setores da colônia.

O setor da conscientização tem como característica o desenvolvimento de técnicas especiais, que auxiliam os espíritos recém-chegados à autodescoberta como essência divina.

Lá também são distribuídas as equipes de tarefeiros por toda parte, estimulando e concedendo apoio a todos os outros setores que visam o aperfeiçoamento no domínio de si mesmo, ampliando o autoconhecimento e, finalmente, se preparando para seguir no plano evolutivo de todos os espíritos.

Ainda na grande pirâmide, há um setor muito movimentado, que é a câmara de reparação da consciência. É para lá que todos os espíritos recém-chegados e que passaram pelos hospitais de refazimento perispiritual e harmonização fluídica, são levados para relembrarem a forma perispiritual das encarnações anteriores.

É a partir desse processo que os espíritos são liberados para seguirem, conscientizando-se de que chegou ao fim o processo das reencarnações, estando libertos para decidirem pelas novas provas evolutivas, para reencontrarem familiares e espíritos afins etc.

Há uma profunda sensação de paz aos recém-chegados após várias encarnações.

Em Laços Eternos vivem, aproximadamente, dois milhões e meio de espíritos. O grande conselheiro chama-se Lupércio, e ele administra com esmero e grandeza, esta que é uma das mais antigas colônias espirituais.

Há vinte e oito diretorias em Laços Eternos. Essas diretorias estão subordinadas ao grande conselheiro e ao governador espiritual, chamado Juvenal.

Mensalmente, há o grande encontro, no qual os diretores, diretoras e auxiliares diretos, são orientados por Lupércio e Juvenal. É nesse dia, ou melhor, nesse evento, que são passadas as orientações a todos os departamentos da colônia, e é ainda, um dia de muita alegria, pois os reencontros normalmente se dão nessa cerimônia.

São pacientes que deixam os setores, prontos para reencontrarem seus afins, que estão na colônia ansiosos pela recuperação dos recém-chegados.

É um dia de muitas lágrimas, e também de muitos sorrisos. É um grande evento, no qual todos que estão em Laços Eternos podem participar, não há distinções na colônia, todos recebem o mesmo tratamento.

Lupércio administra Laços Eternos há mais de duzentos anos. Ele substituiu Lúcios que, por mérito e após mais de trezentos anos administrando os serviços em Laços Eternos, assumiu outra colônia em uma dimensão superior.

Os espíritos não param de evoluir... é bom saber disso.

Todos os trabalhadores usam uniformes com símbolos diferentes, o que fica claro para todos que ali chegam, que há uma grande organização em toda a colônia.

Há períodos de férias e descanso remunerado para todos os trabalhadores, ou seja, a ideia de que vamos descansar na vida eterna é mera ilusão já que, logo ao chegar, os espíritos percebem que todos estão trabalhando por ideais evolutivos, e logo se motivam a seguir o mesmo caminho.

O salário é pago com bônus-hora que, somados ao longo do tempo, permitem aos espíritos adquirirem permissão para estudar em colônias superiores, buscando acelerar o processo da perfeição, destino de todos os espíritos.

Como todos nós sabemos, há milhares de colônias espirituais espalhadas sobre o orbe terreno. Há colônias corretivas, socorristas, de apoio, de estudo, de instrução, de amparo, de reparação e muito mais.

Ao desencarnarem, os espíritos são separados por vibração espiritual, ou seja, você irá para onde estiverem seu intelecto e seu caráter. Essa separação é natural na hora do desencarne. Não existe punição para nenhum espírito, o que há é a lei de atração natural que age sobre toda a criação.

À medida que o espírito evolui, ele vai sendo atraído para as colônias mais elevadas. Quanto mais evoluído, mais sutil é o seu perispírito e, sendo mais sutil, é atraído para as colônias superiores onde vivem apenas espíritos elevados.

Essa é uma das grandes descobertas, a qual todos os espíritos conhecerão ao chegarem às cidades espirituais. Precisamos nos conscientizar que não somos acaso, que não estamos ao acaso e que nada acontece por acaso.

Iremos falar bastante sobre isso nesta obra.

Vamos ao livro...

“

A ingratidão é forma de agradecer a quem só lhe foi útil enquanto precisava.

”

Osmar Barbosa

Prefácio

Mais um dia na vida de um solitário médium. Como é difícil exercer o trabalho de ser o interlocutor dos amigos do plano espiritual.

Eu costumo usar as linhas dos prefácios de cada livro para expressar meus pensamentos e meus sentimentos quando começo uma psicografia, e nesta obra não vai ser diferente.

Gosto de estar perto de vocês, pois não vejo nenhuma superioridade pelo fato de ser médium, pelo contrário, mediunidade é missão a ser respeitada e cumprida com amor.

Quando converso com vocês e exteriorizo meus sentimentos, divido minhas angústias mediúnicas, e elas não são poucas, além, é claro, de estreitar ainda mais nossa união espiritual.

Tenho passado por provas extremamente difíceis no exercício mediúnico, e preciso desabafar com meus amigos leitores... sei que não mereço nenhum privilégio por ser escritor e médium, tenho plena consciência de que não mereço nada de diferente dos outros mensageiros do além, mas confesso que não é fácil, vocês não fazem ideia de como é difícil...

Busco sempre, na biografia de outros autores, compreender um pouco mais sobre as provas que me são apresentadas, e confesso que são nessas histórias que junto forças para seguir minha caminhada.

Sei que posso dar muito de mim para as pessoas que ainda não se reconhecem como espíritos eternos que são, sei que posso conscientizá-las exteriorizando todas as minhas experiências mediúnicas e humanas, e, são nessas experiências relatadas por outros médiuns, que extraio os ensinamentos que me fortalecem para seguir levando aos leitores das minhas psicografias, a realidade do que somos e o que nos espera nos planos superiores. Um dia, todos nós nos reencontraremos com aquilo que somos em verdade.

Os espíritos nunca disseram que a minha missão mediúnica seria fácil, pelo contrário, eles sempre dizem: escreva, Osmar, escreva... vocês são minhas testemunhas.

Mas, estou mortal e, estando mortal, vivo as realidades da vida dos mortais. Tenho que sobreviver a todas elas...

Penso, às vezes, que se eu tivesse seguido uma vida comum, como é a vida da maioria das pessoas ao meu redor, talvez eu não me cobrasse tanto e não me questionasse sobre as coisas que deixei passar.

Não que eu me arrependa, não é isso, é que, ao olhar para trás, eu vejo quanta coisa eu poderia ter mudado. Quanta coisa eu não deveria ter feito, aceito ou permitido acontecer... sim, porque colhemos hoje o que permitimos sem sabedoria, ou por não prestar a devida atenção aos fatos. Mas o passado deve sempre ficar no passado, essas experiências serviram de alguma forma para que eu me tornasse o que sou hoje.

Uma vez, eu ouvi um ensinamento que me orientava a não visitar o passado, pois o passado também está diferente… tudo muda, inclusive o passado, pois se voltarmos ao lugar físico em que o passado aconteceu, certamente ele estará modificado.

A rua em que você morava quando criança, não é mais a mesma rua. Seus vizinhos do passado, certamente não são os mesmos de hoje.

Falando em passado, vale lembrar sobre fatos marcantes…

Amigos? Eu tive alguns. Eles foram bons e me ajudaram muito. Sou grato a todos aqueles que, durante a minha juventude, me acolheram e me auxiliaram a chegar onde estou. Não esqueço de nenhuma ajuda que recebi quando fiquei órfão e a vida real se apresentou a mim de forma tão cruel.

Quando somos crianças enxergamos um mundo que é só nosso e ele é belo… mundo de criança. Porém, quando nos tornamos adultos, temos de viver o mundo dos adultos e, infelizmente, não há mais espaço para a criança.

Tenho lembranças de pessoas que jamais sairão do meu coração. A gratidão é a melhor forma de dizer ‘muito obrigado', e eu sou muito grato a alguns amigos e familiares que me ajudaram... foram poucos, mas são muito importantes para mim.

Amores... também não tive muitos.

Paixões... vivi algumas que me trazem sorriso à face quando lembro dos momentos em que me entreguei por sempre ouvir o meu coração, e é a ele que sempre ouvi e ouço até hoje.

Tenho feridas que jamais cicatrizarão, mas, estão curadas, pois não as alimento por saber que não são benéficas a quem precisa expiar para aprender. O passado é passado, e no passado devem ficar... como disse anteriormente .

Às vezes, elas doem , mas são necessárias a quem quer viver em paz consigo mesmo.

"É no meu travesseiro que encontro paz."

Acho que o melhor de mim são, e sempre foram, a sinceridade, a honestidade, a bondade e a transparência, embora poucas pessoas me conheçam como realmente sou. Esses valores vou levar para a vida após a vida, aliás, vou levar para a vida depois dessa vida.

Não tive e nem tenho a pretensão de agradar a todos, pois, por mais que nos esforcemos, nunca agradaremos totalmente as pessoas que expiam conosco. Cada Ser carrega em si o dom de ser feliz ou não, eu decidi e decido sempre pela felicidade, embora, por vezes, sofremos por não sermos compreendidos.

Familiares? Tenho alguns que trago em meu coração, e lhes sou grato a tudo o que fizeram por mim, principalmente, àqueles que estiveram presentes no momento em que mais precisei. Quando perdi a minha amada mãe.

"A idade chega e nos cobra o passado na tela viva das lembranças que jamais esqueceremos."

Ficar velho não significa deixar de existir, pelo contrário, nos faz experientes, e ser experiente é muito bom...

Não me sinto velho, mesmo porque o espírito não envelhece, ele amadurece. Se enche de sabedoria com o passar do tempo.

É bom quando olhamos para trás e enxergamos que tudo o que fizemos ajudou alguém, melhorou alguém, amparou alguém, mesmo com as feridas da ingratidão.

Esta sim, dói muito.

"A ingratidão é uma ferida que dói sem dó."

Maltrata corações bons...

Por que as pessoas não ouvem a verdade sobre o que realmente somos?

Por que é tão difícil acreditar no óbvio?

Por que somos assim?

Não sei se este é meu último livro, meu último dia, minha última vontade, meu último desejo ou minhas últimas palavras... nem mesmo sei se conseguirei terminar esta psicografia, porque minha vida não pertence a mim, não sou dono de nada. As únicas coisas que realmente tenho hoje são o meu passado e este momento, o qual utilizo para escrever este livro ao lado dos amigos dos planos espirituais. O amanhã é uma possibilidade que pode nem acontecer...

A única certeza que tenho, é que não sou digno de guardar só para mim tudo o que vejo em minhas projeções astrais; a única certeza que tenho, é que devo escrever... escrever e relatar tudo nos mínimos detalhes, para que quando a nossa realidade se descortinar à nossa frente, nós não tenhamos a ilusão de acreditar que a vida termina com uma única vida. Isso não é Deus.

Esse é meu legado...

Essa é minha vontade...

Essa é a minha missão.

Vivemos com a morte física e a deixamos adormecida como se ela não fosse acontecer. A única certeza que temos é que, um dia, deixaremos a vida humana, mas parece que ela não vai acontecer conosco, é impressionante a capacidade que temos de viver assim.

Não nos importamos em saber o que vem depois... será que vem alguma coisa depois?

Quando alguém parte desta vida, nós nos lamentamos por não entender muito bem por que isso acontece, e nos questionamos: como assim, apenas uma vida? Será o Criador o grande juiz da nossa vida?

Será que a criação tão perfeita nos destina a deixarmos de existir com o fim da vida corpórea?

Não há mais nada além disso?

Se não há mais nada além disso, por que existimos? Qual o propósito da existência? Para que existo? Por que existo?

Seria a criação divina um acaso?

Para onde vou? Se é que vou para algum lugar quando morrer.

Quantas vidas terei? Quantas já tive?

Qual o objetivo da morte, se nela não estivesse uma nova vida?

De onde eu vim?

Quem sou eu?

Os amores, os filhos, os amigos, a família. Tudo isso é um acaso?

Meu Deus, quem és?

Agora, eu quero te convidar a pensar comigo...

Se sou um acaso, por que existo?

Se não terei outra oportunidade, por que estou tendo essa?

Qual o objetivo da vida?

Por que é tão difícil acreditar no óbvio?

As pessoas dizem: ninguém voltou para contar, como acreditar nisso?

Os espíritos já estão cansados de nos responder a isso. Há milhares de livros que relatam sobre a vida após a vida.

Se todos nós tivéssemos certeza da vida após a vida, qual seria nossa atitude diante do primeiro fracasso? Qual seria nossa atitude quando perdêssemos quem mais amamos em tenra idade?

Imaginem o coração de uma mãe ao perder seu único filho para o câncer, ou para os inúmeros acidentes e injustiças que vemos todos os dias estampados nas manchetes dos jornais.

Imaginem para um pai que perde um filho assassinado por causa de um tênis ou um celular...

Qual seria a nossa atitude se perdêssemos tudo diante do fracasso empresarial?

Quem está certo? Quem está errado?

O que é a vida?

Meus amigos, eu tenho mais de 60 anos de idade, já vivi muitas coisas boas e outras nem tanto. Não sei quanto tempo eu ainda tenho encarnado, mas tenho certeza de que, por meio dos livros, eu preciso falar a vocês tudo o que sei sobre as experiências mediúnicas, sobre as colônias espirituais, sobre a vida após a vida, sobre tudo o que os espíritos me trazem e me permitem escrever, pois são eles que me mantém no rumo da caridade e do amor. São eles que me mantém vivo e disposto todos os dias.

Foram essas experiências que me trouxeram a reflexão da vida e são elas o meu veículo existencial. Eu aprendi que não adianta lutar contra o que estou destinado a viver. Tudo o que vivi, vivo e viverei, tem um propósito evolutivo. Tudo é lição e aprendizado nessa escola chamada encarnação.

Todos os que experimentam comigo são meus professores... cada acontecimento em minha vida é uma aula, uma lição, uma matéria escolar a ser aprendida, aperfeiçoada e digerida por todos os meus sentidos, inclusive os espirituais.

Não tenho mágoas, nem arrependimentos.

Na verdade, eu fico triste quando vejo estampado no noticiário da vida, que as pessoas estão se amando menos, se valorizando menos, se ajudando menos... as famílias estão mais distantes e vivendo menos, parece que vamos morrer...

E a morte não existe, eu posso lhes assegurar.

Precisamos voltar a almoçar com Jesus, a reunir a todos os que amamos para uma prece dominical. Precisamos de mais evangelho e menos materialidade. Precisamos amar mais àqueles que vivem ao nosso lado, compreender que todos estamos nessa mesma escola chamada vida.

Na minha opinião, o mais difícil é conviver com a ingratidão, como disse antes, ela dilacera nosso peito, é uma ferida que não cicatriza facilmente. Ela sangra todos os dias, basta que a mente esteja vazia.

Os livros que escrevo trazem a realidade que todos nós iremos desfrutar um dia. Eu jamais escreveria algo que não fosse verdade em mim... que não fosse a realidade que experimento todos os dias.

O que escrevo são relatos sinceros de um homem que passou por muita coisa na vida, mas que sempre teve ao seu lado espíritos amigos que, mesmo sem eu saber ou ter ciência da existência deles, sempre estiveram ao meu lado me amparando e me orientando para qual caminho deveria seguir. Eu agradeço a eles todos os dias por essa oportunidade, podem ter certeza disso.

Lembro que todas as vezes em que eu me desviei das orientações divinas, paguei com lágrimas a minha rebeldia, por isso, vos aconselho: ouçam sempre o coração de vocês, pois é nele que estão os bons orientadores.

Mesmo que colhas a ingratidão, não desista de ser bom.

É bom ser bom… é bom ser do bem.

Pessoas como eu são diferentes, mas elas não são diferentes porque querem, elas são diferentes porque sabem que a vida é diferente, que o que nos espera é muito diferente do que estamos acostumados a ler, ver e ouvir.

Não é fácil, saibam disso…

Eu vivo em dois mundos, o mundo que chamamos de 'normal' e o mundo perfeito.

Imaginem vocês quando eu estou deslocado ao Astral visitando as colônias espirituais, os umbrais, e as cidades transitórias, ao lado de espíritos amigos e bons, e, de repente, tenho de voltar a um mundo onde a hipocrisia alimenta o ego dos 'pseudo-sabedores' de tudo…

Não sabemos nada… somos eternos aprendizes.

Estamos aprendendo ainda, a primeira lição das muitas lições necessárias ao nosso aperfeiçoamento.

Quem sabe tudo?

Quem é o 'senhor da verdade'?

Quem somos nós para julgar esse ou aquele irmão?

Nenhum espírito encarnado é sabedor de tudo... somos aprendizes na escola da evolução.

Então, pare agora de julgar esse ou aquele... quem é você para julgar?

Lembre-se que, aquele que julgar, será julgado... está escrito.

Tenho andado por muitas estradas evolutivas e a minha caminhada sempre foi ao lado de espíritos amigos, são eles os orientadores, os possuidores da verdade. São anjos bons que se dedicam a nos passar a lição, e essa é minha verdade. Creia ou não, essa é a minha verdade.

Pegue logo o seu caderninho e anote na primeira página: eu não sou o que acho que sou; não sei o que acho que sei; estou aqui para aprender através das oportunidades diárias para, quem sabe, um dia, poder adentrar um lugar melhor. Estou aqui para aprender com as mensagens que chegam a mim, mesmo aquelas involuntárias, que levarão a conquistar o meu lugar na eternidade.

Por enquanto, eu sou o aprendiz que precisa da lição para evoluir... e são elas, as lições diárias, que irão me direcionar à vida futura.

Perdoem-me o desabafo. Não sei se essas linhas chegarão às grandes massas, eu até gostaria que chegassem, mas o sistema impede que a verdade atinja mais e mais corações.

Estamos doutrinados por ideologias destrutivas à evolução em massa. Ideias retrógradas que nos estacionam evolutivamente e por interesses escusos, daqueles que deveriam nos direcionar à perfeição.

Você não tem dono... você é livre para expiar e experimentar o que te fará melhor. Mas, tenham certeza de uma coisa: não estamos abandonados. Muitas coisas ainda irão acontecer para o despertar da humanidade. Tem muita coisa boa chegando para nós... acreditem!

Há de vir grandes mudanças, sejam elas através das pandemias, das grandes catástrofes, ou da Terceira Guerra Mundial, esta iminente.

Temos o tempo como aliado, e devemos aproveitar ao máximo para extrair das vivências diárias, o propósito do que viemos realmente viver. Nós não viemos aqui para juntar coisas, se fosse esse o objetivo dos espíritos encarnados para se viver bem e eternamente, quem juntasse muita coisa não morreria.

Rico não adoeceria.

Milionário não morreria.

Bilionário não teria câncer.

Mas todos morrem sem saber por que morreram e o que fizeram da vida para não morrer.

"*Tem muita gente morrendo em um leito de hospital com dinheiro no banco para comprar o hospital.*"

Só não morre quem deixa algo bom, quem é lembrado.

Se você é lembrado, se alguém sente falta do seu cheiro, se alguém sorri quando lembra de sua existência, eu lhe asseguro, você não morreu, pois há um pouco de você em tudo o que você fez e deixou... nas pessoas que você amou e que te amaram também.

Qual é a história que você está escrevendo da sua vida? Já parou para pensar nisso?

Meu irmão, minha irmã, todos os dias, ao acordar pela manhã, escreva uma linda história nas páginas em branco que o Senhor te apresenta, e você não morrerá.

Dê sentido para a sua vida!

Não se preocupe em agradar... as pessoas não vão compreender o seu amor... as pessoas não estão acostumadas ao amor. As pessoas não estão acostumadas a amar. As pessoas sequer te conhecem por dentro.

Faça hoje, porque o ontem é história, o amanhã, uma possibilidade... mas o hoje é real, e ele deve ser vivido intensamente para a sua evolução espiritual.

E ela, a evolução espiritual, não está em nenhum templo, em nenhum livro, em nenhum mestre... ela está dentro de você. Você é um templo sagrado!

Ouça sempre o seu coração, pois é aí que Deus fala contigo.

Desperte o que há de melhor em você.

Não se preocupe com a ingratidão, ela é parte da caridade e do amor.

"Quem ama de verdade não tem tempo para sofrer."

Osmar Barbosa

Esse prefácio é um desabafo de um médium que jamais desistirá de compartilhar com vocês, tudo o que aprende todos os dias com os espíritos amigos, com os missionários do amor e com os meus mentores espirituais.

Espero que o meu desabafo te auxilie a ser melhor. Te faça melhor, te encaminhe para o melhor.

Trago, nesta psicografia, informações sobre a Colônia Espiritual Laços Eternos. Espero, sinceramente, que um dia você possa adentrar os portões desse lugar de amor e bondade.

Deus abençoe você... Deus abençoe a sua vida...

Feliz vida para você!

Osmar Barbosa

"

O amor liberta...

"

Osmar Barbosa

Zaira

Naquela manhã de domingo, eu estava me preparando para um dia de lazer com a minha família, quando Nina me procurou e trouxe, ao seu lado, a linda e encantadora Zaira.

Morena, de cabelos longos, alta, olhos azuis, e um sorriso do qual eu jamais esqueci. Conheci a Zaira quando psicografei, ao lado dela, do Jonas, e dos demais espíritos, o livro *Regeneração - Uma Nova Era*.

Ela chegou meio envergonhada, eu achei. Mas, não era vergonha, e sim, simplicidade.

Muito meiga, em pé ao lado de Nina, olhou-me e sorriu. Fiquei muito impressionado com a beleza da jovem, mais uma vez.

Chegaram e convidaram-me a ir até o escritório, para darmos continuidade à psicografia deste livro.

Imediatamente, pedi desculpas a minha esposa e aos meus filhos, e dirigi-me ao local no qual escrevo.

Sentei-me e esperei pelo primeiro contato. Eles não demoraram a chegar, e logo começamos nosso diálogo.

– Bom dia, Osmar!

– Bom dia, Nina.

– Esta é a Zaira. Você se lembra dela?

– Oi, Zaira! – disse olhando para ela. – Como poderia esquecer, Nina?

– Oi, Osmar! – disse a meiga Zaira.

– Desculpe-me, mas você é muito bonita. Eu sei que já te disse isso, mas é surreal a beleza que você traz.

– Obrigada, Osmar! – disse a jovem encabulada.

– Zaira vai conversar um pouco com você, Osmar. Ela tem algumas informações para lhe passar sobre as colônias espirituais.

– Estou pronto, podemos começar se quiserem.

– Vou deixá-la com você, tenho que cuidar de algumas coisas.

– Certo, Nina. – disse-lhe.

– Você quer sentar-se, Zaira?

– Obrigada, Osmar! – disse a jovem sentando-se ao meu lado em uma cadeira que deixo sempre à disposição dos espíritos.

A emoção tomou conta de mim. Lembrei-me do meu primeiro encontro com Zaira no livro que citei anteriormente. Meu coração estava disparado e eu não estava conseguindo me concentrar.

Zaira percebeu.

– Você está bem? – perguntou-me.

– Sim, só estou um pouco emocionado com a sua presença. Lembrei-me do dia em que conheci a Nina. Ter você aqui sentada ao meu lado é muito difícil.

– Não fique assim, mantenha-se calmo. Preciso do seu equilíbrio para que tudo corra bem. Eu também conheço a Nina, e tive o privilégio de conhecê-la trabalhando ao seu lado.

– Sério?

– Sim. Uma vez fui até a Colônia Amor e Caridade, para levar um paciente que havíamos resgatado das regiões de sofrimento. E chegando lá, encontrei e conheci a Nina.

Ela logo se aproximou e pegou o nosso assistido pelos braços levando-o para uma das enfermarias da colônia.

Enquanto ele não melhorou, Nina não o deixou.

Achei aquilo surpreendente, ela sequer conhecia o nosso amigo.

– Nina é assim, amor em essência.

– É verdade, Osmar.

– Você também faz resgates aqui no nosso plano?

– Estamos sempre por aqui.

– Aqui na Terra?

– Sim, estamos em missão aqui já há algum tempo. Na verdade, estamos em muitos lugares.

– Sério?

– Sim, nosso compromisso é e sempre foi com a evolução de todos os nossos irmãos.

– Que máximo!

– Vamos escrever, Osmar?

– Sim, perdoe-me a distração.

– Bom, vamos lá, eu tenho algumas informações para você registrar neste livro.

– Antes de começarmos, posso perguntar algumas coisas sobre você, Zaira? Eu sei que já escrevi tudo sobre você, mas isso está em outro livro, e eu acho importante que os leitores que estejam lendo esta obra agora e que ainda não tiveram acesso ao livro *Regeneração*, saibam quem você é.

– Sim, eu concordo com você, o que quer saber?

– Quem é você, Zaira?

– Um espírito como todos vocês, que está há milhares de anos procurando aperfeiçoar-se, tornar-se melhor.

– Você é um espírito puro?

– Sim.

– O que é um espírito puro?

– Somos espíritos que já possuímos superioridade intelectual e moral absolutas, com isso, não sofremos nenhuma influência da matéria. Não reencarnamos mais e também não estamos mais sujeitos às provas e expiações, porque já alcançamos um grau evolutivo que nos permite viver em planos superiores.

– Perdoe-me, Zaira, mas por que eu?

– Por que você, como assim?

– Por que você me procurou para escrever?

– Merecimento...

Por alguns instantes, calei-me emocionado com a revelação de Zaira.

Após alguns segundos me recuperando, perguntei:

– E, onde você vive?

– No planeta Antares, o mesmo do Jonas, lembra dele?

– Como esquecer o amigo Jonas...

– Pois bem, ele tem estado ao seu lado te orientando, mesmo sem você perceber.

– Sério?

– Sim, estamos a todo tempo intuindo médiuns como você, nas apresentações, palestras, seminários... enfim, em sua rotina mediúnica diária.

– Eu sempre sinto que há ajuda espiritual enquanto estou palestrando, mas não imaginava ser de vocês.

– Tudo depende do tema escolhido por você.

– Entendi. Dependendo do tema recebo uma ajuda específica.

– Isso mesmo.

– Mas você é bem diferente. Não querendo te comparar ao Jonas, mas você é bem diferente dele.

– Bem diferente, como?

– Você é muito bonita.

– Acha o Jonas feio?

– Não, não é isso. É que você passa uma energia diferente. Além da beleza física, eu consigo enxergar em você uma beleza espiritual, entende?

– Cada espírito carrega aquilo que tem de melhor dentro de si, Osmar, o Jonas também é um espírito puro, mas carrega em seu Ser, características diferentes das minhas, cada um de nós exterioriza aquilo que constrói durante a sua existência.

Através das encarnações, somatizamos tudo o que de bom construímos, e assim, trabalhamos com o melhor que temos.

Essa diversidade energética é o que nos diferencia e o que nos missiona nos trabalhos, nas dimensões que vivemos, entende?

– Sim, entendo.

– Estamos no mesmo planeta, na mesma missão, mas somos diferentes uns dos outros, assim como é no seu plano. – explicou-me.

– Desculpe-me, Zaira, eu realmente preciso aprender mais com vocês.

– Não precisa se desculpar, você é um bom aluno.

– Obrigado, Zaira! Deixe-me te perguntar outra coisa.

– Essa forma pela qual você se mostra para mim, é a sua forma em Antares?

– Sim, um pouco modificada, devido à gravidade do meu planeta, mas é bem parecida. O Jonas não te falou sobre isso?

– Sim, ele me explicou muitas coisas do seu planeta no livro Regeneração.

– Que bom, Osmar.

– Zaira, você já viveu na Terra?

– Por um curto período.

– Faz muitos anos?

– Sim. Eu vivi na Terra no ano 990.

– Quantas encarnações você viveu aqui?

– Somente duas.

– Foram suficientes para que você se tornasse um espírito puro?

– Eu já era muito evoluída quando encarnei aqui. Aquelas encarnações foram de ajuda a alguns espíritos que precisavam de mim.

– Vocês podem encarnar?

– Se for de nossa vontade e necessidade, sim.

– Entendo.

– Se você pudesse me dizer quantos anos você tem, você diria?

– Como assim?

– Quantos anos você existe como espírito?

– Ah, sim, se eu pudesse te dizer, diria que tenho, aproximadamente, um milhão de anos.

– Aproximadamente, como assim?

– Osmar, primeiro somos criados na forma mineral, depois passamos para a forma vegetal, em seguida, a animal, e, por fim, a forma hominal. Nas três anteriores, eu ainda não tinha a consciência de que era um espírito, por isso, não sei por quantos anos eu tive que experimentar-me nessas psiques até chegar à forma humana na qual adquiri consciência, mas acredito ter, aproximadamente, esse tempo de existência.

É importante que todos vocês saibam o seguinte:

No reino mineral, adquirimos a atração; no reino vegetal, a sensação; no reino animal, o instinto; e no reino hominal, o livre-arbítrio, o pensamento contínuo e a razão. Essas são etapas universais a todos os espíritos que evoluem de acordo com a utilização de sua vontade.

Cada espírito tem o seu tempo, e é, por isso, que estamos nos universos auxiliando o Criador.

– Entendi. Todos nós passamos por isso?

– Sim, todos os espíritos são criados da mesma forma. A criação é igual para todos. As oportunidades são as mesmas, lembre-se, Ele é justo.

– Entendi, Zaira. Posso te fazer mais algumas perguntas?

– Sim.

– A criação dos espíritos é interrompida em algum momento, ou Deus continua a criá-los?

– Se Ele interrompesse não seria justo. Não seria Deus.

– Por isso a criação não para?

– Isso mesmo. Ele não para de criar. Desde a criação dos universos, Ele cria os espíritos, e sempre que há necessidade esses universos se duplicam e multiplicam, para atender a toda a criação.

– Caramba, obrigado, Zaira! Então, existem muitos universos?

– Bilhões de universos, Osmar.

– E todos são habitados?

– A maioria.

– Meu Deus... obrigado, Zaira!

– De nada!

– Zaira, eu fico muito intrigado com a beleza dos espíritos.

– Todos os espíritos são belos e, com o passar das encarnações, das provas, e das experiências, vamos nos purificando, e quanto mais purificados, mais belos.

– É bom saber disso.

– A criação é perfeita, e sendo perfeita, tudo é belo ao extremo.

– Muito boa essa sua informação, Zaira.

– Estamos destinados à beleza interior e exterior, Osmar, você sabia disso?

– Já ouvi falar em alguma psicografia de vocês. Mas quando é que iremos exteriorizar tudo isso?

– Algum dia.

– Eu agradeço por todas as informações que você me passou até agora, mas, Zaira, a que devo a honra deste encontro? Você tem mais informações sobre o nosso futuro? Por que a Nina trouxe você para este livro?

– Não estamos no Universo para trazer informações que não sejam úteis à evolução de vocês. Temos um compromisso moral com todos os seres criados. A Nina me convidou para te explicar sobre algo que está imperceptível a vocês encarnados.

– Algo imperceptível, como assim?

– Eu vou te explicar.

– Por favor, Zaira.

– Minha presença aqui se dá também, para alertar e conscientizar a todos sobre o real estágio encarnatório dos seres que habitam o seu planeta neste momento, daí a necessidade de vocês conhecerem a Colônia Espiritual Laços Eternos.

Vocês repararam que faz pouco tempo que começaram a receber mais informações sobre as colônias espirituais?

– Sim, eu reparei. Eu mesmo estou com alguns livros iniciados sobre as colônias esperando por vocês para dar continuidade.

– Como informamos anteriormente, milhares de cidades foram preparadas para receber os espíritos, e é chegado o momento de algumas revelações.

– Vamos lá, Zaira.

– Seu planeta adentra à regeneração, como informado, e nesse processo é necessário que vocês sejam conscientizados das centenas de cidades que circundam o planeta Terra. Pois nada está ao acaso e tudo tem um objetivo.

– Sim, eu tenho estudado muito sobre a Nova Era.

– É isso. Agora, falaremos sobre a Colônia Espiritual Laços Eternos.

– Eu fico extremamente honrado e feliz de ter sido escolhido por vocês para transmitir essas informações a todos, Zaira.

– Merecimento, Osmar, merecimento, como já te disse.

– Obrigado!

– Não agradeça, escreva.

– Certo, vamos lá.

– Para que vocês possam compreender por que estamos trazendo mais informações sobre as cidades espirituais, inclusive referentes à Laços Eternos, é necessário que todos se conscientizem sobre o que vou explicar agora, preste muita atenção, por favor.

– Está bem, Zaira.

– Osmar, você sabe qual era o número da população mundial de espíritos encarnados no século I?

– Não faço a mínima ideia.

– Pesquise, por favor.

Imediatamente, fiz uma busca nos *sites*, e obtive a resposta.

– Achei, Zaira!

– Quantos?

– Cerca de 170 milhões de espíritos encarnados.

– Pule para o ano 1000, por favor.

– A população mundial era de 330 milhões de encarnados no ano 1000.

– Agora, no século XX, por favor.

– No século XX, a população mundial passou de 1,56 bilhão, em 1900, para 6,1 bilhões de habitantes, no ano 2000.

– Atualmente, Osmar?

– Atualmente são 7,947 bilhões de espíritos encarnados, mas é claro que esse número se modifica todos os dias.

– Reparou que vocês foram invadidos?

– Estou impressionado! Como não tínhamos observado isso antes? Meu Deus! Do ano 2000 até os dias atuais, recebemos cerca de 1,847 (um bilhão, oitocentos e quarenta e sete milhões) de espíritos. Em apenas 22 anos... meu Deus!

– A maior chegada, Osmar, ocorreu entre o ano de 1900 e o ano 2000, ou seja, em apenas 100 anos.

– Verdade. Nesse período, chegaram 4,200 (quatro bilhões e duzentos milhões) de espíritos. Ou seja, encarnaram aqui 4,2 bilhões de espíritos.

– De onde vieram tantos espíritos, Osmar?

– Não faço a menor ideia, Zaira.

– De outros planetas. E muitos de vocês ainda estão na primeira encarnação neste planeta. Osmar, em 1927, havia somente 2 bilhões de espíritos encarnados...

– Meu Deus!

– A marca de 2 bilhões de habitantes foi atingida somente em 1927. A marca de 3 bilhões foi em 1960; 4 bilhões em 1974; 5 bilhões em 1987; 6 bilhões em 1999; e 7 bilhões em 2011.

Assim, a espiritualidade superior tem adicionado ao orbe terreno, um bilhão de espíritos a cada 12 ou 13 anos. A marca de 8 bilhões deve ser atingida entre os anos de 2023 e 2024.

– Meu Deus... realmente é uma invasão. Como não percebemos isso? Fomos invadidos... e as pessoas achando que estão na décima encarnação... que foi isso, que foi aquilo, que foi soldado, que foi egípcio... meu Deus!

– Entre vocês, quase não há espíritos repetindo encarnação. Posso te assegurar que, a maioria dos espíritos encarnados hoje no planeta Terra, está na primeira encarnação.

– Isso é assustador...

– Essas informações retratam os números dos irmãos encarnados, agora, eu vou te falar do que acontece com os desencarnados.

– Deixa eu me preparar, Zaira.

– Tenha calma, pois eu sei que esses dados são assustadores, mas são números de controle que vocês mesmos criaram. Esse controle é importante, mas há algo além dos seus olhos, há todo um planejamento espiritual o qual envolve a tudo o que estamos conversando até agora.

– Eu fico imaginando como deve ser o trabalho de vocês.

– Que bom que você pensa assim. Seria ótimo se todos pensassem dessa forma.

– Por quê, Zaira?

– Porque realmente há um planejamento espiritual para tudo o que vos envolve. Nosso trabalho é fornecer o suporte necessário para que todos tenham as oportunidades evolutivas.

Estar desencarnado envolve muito mais coisas do que vocês imaginam. Estar na vida espiritual, é trabalhar incansavelmente para o bem do outro, pois só o bem do próximo nos eleva aos olhos de Deus.

Ao chegar à vida espiritual é que os espíritos se conscientizam de que para seguir adiante também é necessário o bem do outro, pois evoluir não é pessoal, evoluir é universal.

– Zaira, estou impressionado com as suas revelações. E, confesso, muito assustado. Como nunca pensamos nisso?

– Tenho ainda algumas coisas para te revelar, Osmar.

– Sou todo ouvidos e lápis, querida Zaira.

– Essa invasão, como você diz, se deu porque o seu planeta está adentrando à regeneração. Esses irmãos que chegam ao seu planeta estão vindo de planetas que adentraram mundos felizes, e não são de um só planeta.

Os que invadiram à Terra recebem agora uma nova oportunidade evolutiva, e irão expiar em um planeta que passará um longo período na era da regeneração, até que os espíritos que o habitam tenham alcançado a evolução necessária para adentrarem um planeta feliz.

E assim, sucessivamente, e através dessas mudanças planetárias e universais, os espíritos expiam em diversas galáxias, diversos planetas, diversos universos, e em diversas formas humanas.

– Quer dizer então, que a maioria de nós veio de outros planetas que adentraram à regeneração? Fomos reprovados de continuar em nossos planetas, é isso?

– Sim, pode se dizer que sim. Na verdade, não há castigo, e sim, novas oportunidades. Ele é assim. Tudo é assim… não há castigo, e sim, amor incondicional e misericórdia, todos nós temos o tempo certo para receber as novas oportunidades. Tudo depende unicamente do espírito. Depende dele se reconhecer como é, aceitar que é necessário mudar. Transformar-se, modificar sentimentos, amar…

– De onde viemos, Zaira?

– De outras galáxias, outras dimensões, outros planetas.

– Você não sabe o nome dos planetas?

– Isso não tem relevância neste momento.

– Verdade, perdoc-me.

– Não precisa pedir desculpas.

– Zaira, que revelação maravilhosa é esta a que você nos traz! Obrigado!

– Eu ainda não revelei o que tenho para revelar… então, anote aí, preste atenção às imagens que vou te mostrar.

– Certo, deixa comigo.

Confesso a vocês, meus amigos, que essa parte não foi fácil, pois eu estava extremamente emocionado e feliz por ser o portador destas linhas.

Mas me acalmei, recuperei o fôlego, e segui a nossa amada Zaira.

Naquele momento, ela me levou, em desdobramento, para os céus da Colônia Espiritual Laços Eternos.

Volitávamos sobre a colônia, quando novamente eu fiquei muito emocionado com tudo o que via.

Que lugar lindo!

Os prédios, os jardins, as ruas todas cheias de espíritos que caminhavam contentes e felizes.

Tudo muito lindo e perfeito.

Após alguns minutos sobre Laços Eternos, Zaira me trouxe de volta ao escritório.

– Gostou do que viu, Osmar?

– Como é linda essa colônia!

– Descreva-a em detalhes para quem for desenhá-la .

– Pode deixar, eu vou explicar detalhadamente.

– Bom, Osmar, o propósito do que revelei a você e a todos os seus leitores é para que vocês saibam que a Colônia Espiritual Laços Eternos é o destino da maioria de vocês, pois muitos de vocês vieram apenas para se ambientar aos fluidos e energias presentes em seu planeta.

Laços Eternos, como explicado, é a última estação dos processos reencarnatórios. Aqueles que chegam a essa estação, não voltam mais a encarnar na Terra, pois após um período de adaptação, conscientização e planejamento, seguem para outras colônias nas quais tudo segue o curso evolutivo do espírito.

– Você acaba de nos dar outra informação muito importante.

– Qual?

– Ambientar-se.

– Sim, ambientar-se. Como a maioria de vocês veio de outros planetas, outras galáxias e outras dimensões, há a necessidade de ambientação com este Universo. As colônias espirituais refletem as energias do planeta que orbitam.

– Nossa, faz todo sentido.

– Deus nos ama em abundância, Osmar.

– Que lindo, Zaira!

– Ele é lindo e perfeito. Um dia, todos vocês compreenderão que uma encarnação é como ir a uma sala de aula apenas por um dia. Ela é muito rápida. Aproveitem a lição de hoje e evoluam.

– Estou novamente sem palavras para agradecer a você por tudo isso...

– Osmar, não agradeça, escreva...

– Obrigado, Zaira! Mas eu posso te fazer mais uma pergunta?

– Sim, claro!

– Essa invasão vai continuar?

– Esse é um processo natural e acontece com todos os planetas. Dentro de pouco tempo, o que vocês expiarão será um exílio em massa.

– Exílio em massa?

– Sim, e nós já revelamos isso a você no livro *Regeneração - Uma Nova Era*, lembra?

– Sim, a nova pandemia.

– Exatamente. Esse exílio é devido à necessidade de encaminhar os espíritos que voltarão para provas e expiações, assim como esses que invadiram o seu planeta para experimentar novamente na regeneração. É importante salientar que ocorrerá o mesmo processo nas colônias espirituais. Em breve, muitos dos que vivem hoje nas colônias deixarão este orbe seguindo o processo evolutivo das estações (planetas) e de suas colônias.

– Quer dizer que haverá exílio também nas colônias?

– Não haverá exílio nas colônias, pois os espíritos que nelas vivem já adquiriram, por merecimento, o direito de viver onde estão. O que haverá, na verdade, é a ascensão desses espíritos à colônias superiores em planetas regenerados, que já adentraram à era de planeta feliz. Nas colônias também existem as trocas de comando e de espíritos, assim, os que vivem hoje nas colônias espirituais ascenderão para outras dimensões e outros planetas, seguindo o roteiro evolutivo de todas as estações.

Entende, Osmar?

– Quer dizer então que, os espíritos que hoje vivem nas colônias, ascenderão para outras colônias; e os que estão aqui hoje, serão os que viverão nas colônias, seguindo o processo evolutivo, é isso?

– Exatamente. É necessário que haja oportunidade evolutiva para todos. Agora, você entende?

– Sim, eu entendo. Deus tenha misericórdia de nós.

– Ele tem, por isso permite que tudo se cumpra. Aproveitem ao máximo esta vida, façam o melhor possível e, assim, vocês poderão permanecer neste planeta ao lado daqueles que vocês tanto amam.

– O que acontece se eu não acompanhar a evolução daqueles que eu amo?

– Você terá de trabalhar muito para ter merecimento espiritual, para poder visitar àqueles que evoluíram e que se encontram em colônias distantes daquela a que você mereceu.

– Entendi.

– Nós vamos explicar um pouco como isso acontece na história deste livro.

– Obrigado, Zaira!

– Siga evoluindo, Osmar.

– Faço o meu melhor, Zaira.

– Deus te abençoe.

– Obrigado!

– Agora, tenho que ir.

– Mais uma vez, não tenho palavras para te agradecer...

Ela então levantou-se e me deixou, mais uma vez, impressionado com tanto conhecimento. Antes de sair, olhou para mim e sorriu.

Densa névoa invadiu o meu escritório, e lá se foi a linda e meiga Zaira.

Segui esperando uma nova comunicação.

“

Nada está ao acaso...

”

Zaira

O encontro

Passados dois dias, eu estava em meu escritório cuidando de alguns documentos e organizando a minha agenda mensal, quando uma forte claridade invadiu o lugar e preencheu todos os espaços do ambiente.

Logo, tive a certeza de que os amigos espirituais estavam chegando. Meu coração sorriu...

Esperei ansioso para saber quem era que me procurava naquela manhã, sim, porque os espíritos não estão a nossa disposição, pelo contrário, nós é quem devemos estar sempre esperançosos de que eles irão nos procurar.

Eu sempre me preparo para essas visitas, confesso.

Tenho sempre por perto uma garrafa com água e muita vontade de recebê-los para aprender e para transmitir tudo a vocês em cada psicografia. É um momento único, no qual busco aproveitar tudo ao máximo.

A luz se intensificou, e então preparei-me.

Eu podia sentir o meu coração bater acelerado, quase saindo pela boca, tamanha era a minha ansiedade para saber quem era que estava chegando, e por que tanta luz?

Sempre que os espíritos de Amor e Caridade me procuram, esse encontro costuma ser bem mais rápido.

Mas aquele era diferente...

Uma luz de cor violeta invadiu a minha sala. Eu pude ver que, de dentro do túnel de luz, vinham dois espíritos.

Na verdade, duas mulheres.

A névoa no ambiente não me permitia reconhecer quem estava se aproximando... mas, de repente, eu me acalmei. Uma paz inexplicável invadiu o meu ser.

O caminho entre nós e o mundo espiritual é sempre através de túneis, alguns bem claros, outros nem tanto.

Ansioso, eu aguardava me concentrando cada vez mais para acelerar o processo de chegada daqueles seres de luz.

Foi quando eu vi surgir à minha frente, a minha doce e amada mentora Nina Brestonini, e, ao seu lado, uma senhora com cerca de 40 anos, a qual eu ainda não tinha visto.

Era uma senhora negra muito bonita, ela tinha os cabelos dourados e vestia uma roupa de cor amarelo-claro, que lhe cobria todo o corpo. Nos pés, uma sandália branca do tipo franciscana.

Ansioso, eu logo fui cumprimentando-as.

– Oi, Nina!

– Oi, Osmar.

Por alguns segundos, fiquei esperando que a Nina me apresentasse à mulher.

Ela não o fez; ficou apenas olhando para mim com um sorriso no rosto como se desejasse que eu reconhecesse aquele espírito, mas confesso que eu não me lembrei de já tê-la visto em nenhuma outra psicografia ou colônia espiritual.

Foi quando ela estendeu sua mão direita para me cumprimentar.

– Oi, Osmar.

– Oi – disse envergonhado por não reconhecê-la.

– Você não está lembrado de mim?

– Perdoe-me, senhora, mas não estou me lembrando.

– Não se preocupe com isso – disse Nina, se aproximando ainda mais.

A mulher tinha no rosto um ar de sorriso que lhe agraciava ainda mais a beleza espiritual.

Após alguns segundos, eu reparei que já não estava mais no meu escritório, percebi que a Nina já tinha me tirado de lá.

Estávamos na Colônia Espiritual Laços Eternos.

– Que lugar lindo este, Nina!

– É a Colônia Espiritual Laços Eternos, e é sobre ela que iremos falar, conforme já informamos.

– Como é grande. Eu a estive sobrevoando com a Zaira.

– É uma das maiores – disse aquela senhora ao nosso lado.

– Perdoe-me, mas não sei o seu nome – disse.

– Meu nome é Zorah.

– Zorah?

– Sim, Zorah.

– Bonito nome, e bem diferente.

– Obrigada!

– Osmar, você está vendo aquela pirâmide no centro da colônia?

– Sim, e como é grande.

Eu estava realmente muito impressionado com a beleza do lugar.

– É para lá que iremos te levar, e você precisará relatar a tudo o que você vir. Seja fiel aos detalhes, pois eles serão muito importantes para que seus leitores entendam o que iremos explicar.

– Pode deixar, Nina.

– No começo deste livro, faça um resumo de tudo o que você viu aqui.

– Pode deixar, farei sim.

– Agora venha, vamos à grande pirâmide.

Dois jovens abriram um grande portão que dava acesso a uma enorme alameda, da qual podíamos ver a grande pirâmide ao final dessa estrada.

Ladeada por ipês coloridos, encantei-me com aquele lugar logo que cheguei.

Quase todos os prédios da colônia tinham o formato de pirâmides, e aquilo me deixou muito curioso.

– Nina, por que os prédios aqui são diferentes das outras colônias?

– Diferentes?

– Sim, eles têm o formato de pirâmide.

– Porque foram criados assim, na verdade, essa colônia é bem antiga e é uma homenagem ao povo egípcio, propulsores dos ensinamentos da vida após a morte.

– Os egípcios?

– Sim, eles acreditavam que o espírito pudesse voltar ao corpo, ou seja, o espírito voltava para o corpo mumificado, por isso, junto ao corpo, eles enterravam os seus pertences e os seus tesouros, para que, quando o espírito voltasse à vida, ele não tivesse dificuldade para juntar tudo novamente, e, assim, não perdesse a sua riqueza e o *status* que tinha, entende?

– Nossa, eu não sabia disso.

– O ato de mumificar o corpo deixado pelo espírito, nada mais era que guardar o perispírito para quando fosse necessário lembrar das existências anteriores. Eles acreditavam nisso. Na verdade, Osmar, o entendimento estava correto, mas, por desconhecerem as cidades espirituais, eles juntavam tudo na Terra.

– A ignorância, Osmar, é o que afasta muitos espíritos da libertação encarnatória. Se todos compreendessem rapidamente o que são, tudo seria menos doloroso – disse Zorah, entrando na nossa conversa.

– Doloroso?

– Sim, quando você se reconhece como espírito eterno, quando você passa a viver a vida de espírito, logo você descobre o quão foi dolorido ter expiado tantas vezes sem necessidade, quanto tempo perdido por coisas que não lhe acrescentaram nada.

– Você vive aqui, Zorah?

– Sim, eu sou diretora da câmara de reparação da consciência.

– E, o que é isso?

– Venha, nós vamos te mostrar – disse Nina.

Chegamos à frente da grande pirâmide, e o prédio era muito grande mesmo. Eu nunca fui ao Egito para saber o tamanho das pirâmides que lá existem, mas essa eu confesso que não vi nada igual.

Sua base era tão grande que eu nem conseguia ver onde terminava. No centro dela, havia uma enorme escadaria que dava acesso ao interior da pirâmide.

Rapidamente, subimos as escadas e adentramos o lugar.

Eu fiquei paralisado por alguns segundos tentando entender o que era aquilo.

Um enorme prédio dentro de uma pirâmide.

Elevadores modernos levavam espíritos para dezenas de andares.

No *hall* de entrada, vários espíritos transitavam de lá para cá, de cá para lá, um movimento frenético de trabalhadores naquele lugar.

No centro, havia um balcão em formato triangular, no qual podia-se ver muitos atendentes dando orientações àqueles que ali chegavam.

O chão brilhava tanto que confesso ter ficado com medo de escorregar ou cair. Coisa de encarnado...

O piso era tão limpo que refletia a nossa imagem, era como um espelho o chão que pisávamos.

Os elevadores eram ovalados e eu pude contar, pelo menos, uns vinte elevadores que subiam e desciam numa velocidade a qual eu não compreendi muito bem naquele momento.

– Venha, Osmar – disse Zorah.

Nina seguia ao meu lado, calada, e eu não conseguia esconder a minha cara de espanto... como assim, um lugar que parecia antigo ser tão moderno por dentro?

Tudo era muito moderno.

Eu pude ver monitores transparentes em todos os lugares, eles mostravam informações e imagens de todas as unidades e ruas da colônia.

Pareciam moderníssimos painéis de LED.

Vários espíritos passavam ao meu lado e eu sequer percebia, estava alucinado com tudo aquilo.

Que lugar mágico e soberano!

– Venha, Osmar – disse Nina me alertando.

Entramos em um elevador que rapidamente nos deixou em um dos andares da grande pirâmide.

Logo chegamos a uma imensa enfermaria na qual pude ver dezenas de módulos, que pareciam de vidro, e neles, pacientes deitados e inconscientes.

Nesses aparelhos, um tubo ligado a eles transportava uma névoa verde para dentro dessa cápsula. Essa névoa envolvia o paciente ali deitado. Era como um vapor, mas na cor verde.

– Olha, Osmar.

– Estou impressionado com essas cápsulas, o que são?

– Esta é a câmara que te falei. Assim que o espírito é liberado do setor de refazimento perispiritual, ele vem para este setor. Aqui, através dos tratamentos impregnados, o espírito relembra de seus perispíritos, ou seja, relembra uma parte de suas vidas anteriores. Ao final das experiências corpóreas todos passam por esse processo.

– Todos nós passamos por aqui?

– Todos os que vêm para Laços Eternos.

– E quem é que vem para Laços Eternos?

– Os que finalizam a necessidade de encarnar em corpos humanos, corpos terrenos.

– Quer dizer que quando o espírito não precisa mais reencarnar, ele vem para Laços Eternos?

– Exatamente. E após todo o processo de refazimento, conscientização, planejamento e reencontros, eles decidem se ficam ou se seguem para outras colônias. Laços Eternos é uma colônia transitória como todas as que vocês conhecem.

– Sou eu quem decido onde vou viver?

– Não, você decide onde quer viver, é diferente.

– Como assim, Zorah?

– Os espíritos não ficam paralisados nas cidades espirituais, todos nós estamos em processo evolutivo, e é um processo natural ao qual toda a criação está intrinsicamente ligada, ou seja, à medida que você vai evoluindo você é atraído ou convidado a seguir adiante.

– Você pode me explicar melhor?

– Claro, você está vendo esses espíritos deitados nas cápsulas?

– Sim.

– O que você acha que eles estão fazendo?

– Você me disse que eles estão se lembrando de vidas passadas, ou seja, dos perispíritos que eles usaram nas vidas passadas.

– Exatamente. Se eles já tiveram outros perispíritos é porque houve um passado e, se houve um passado, certamente haverá um futuro.

Mudaremos de corpo quantas vezes forem necessárias para a nossa evolução. Cada corpo, cada vida, traz lições imprescindíveis à evolução do espírito.

Quando você passar por esse processo de relembrar dos seus perispíritos, você irá se conscientizar de que a sua forma espiritual no momento estará moldada pelas experiências vividas nos diferentes corpos, em diferentes épocas. Será através das experiências, das transformações e do aprendizado na vida humana que, um dia, você estará aqui.

O espírito acumula todo esse aprendizado para relembrá-lo ao chegar em Laços Eternos, e, através das lembranças, purgar todo o histórico negativo, aperfeiçoando-se para seguir adiante.

– É impressionante a perfeição divina.

– A perfeição divina criou as Leis Naturais as quais toda a criação está ligada, é importante que todos saibam disso. Ele não vive para vigiar nossos atos, a Lei Maior comanda a tudo.

– Todos seguem a trilha da evolução, mesmo que não percebam, Osmar – disse Nina.

– Vocês são incríveis!

– Nós somos incríveis... Osmar, e você faz parte disso.

– Como sou grato a tudo isso.

– Não agradeça, Osmar.

– Já sei, Zorah, escreva, Osmar, escreva...

Eu nem sei explicar tudo isso, mas pude ver um ar de sorriso em Nina e em Zorah.

– Tem uma coisa pela qual quero aproveitar este momento para revelar.

– Sou todo ouvidos e lápis, Zorah.

– Muito em breve, no plano terreno, vocês terão cápsulas como estas.

– Na Terra?

– Sim. No projeto de regeneração ao qual a Terra adentrou, não existirão mais doenças.

– Não existirão mais doenças? Como assim?

– Em breve, Osmar, uma tecnologia de reparação molecular será implementada e, através desses equipamentos, haverá uma reorganização das células curando todas as doenças – disse Nina.

– E essa máquina será muito parecida a esta que você está vendo aqui – disse Zorah.

– Será que somos merecedores disso?

– Somos filhos de Deus e merecemos o melhor de Deus, conscientize-se disso.

– Nossa, Nina. O que mais essa máquina fará?

– Ela vai mudar o mundo.

– Meu Deus...

– Ele mesmo, Osmar – disse Zorah.

– Osmar, eu quero que você nos acompanhe, você pode vir conosco a outro lugar?

– Claro.

– Então, venha – disse Zorah.

Saímos daquela sala e fomos para uma sala ao lado, no mesmo corredor. Entramos em um lindo gabinete e nos sentamos.

Zorah em sua confortável cadeira; Nina e eu, em duas cadeiras à frente de sua mesa.

Era uma sala simples, mas muito bem decorada. Havia alguns quadros nas paredes e algumas esculturas que pareciam ser de mármore branco, elas eram muito bonitas.

– Você está bem, Osmar?

– Sim, estou ótimo! Quer dizer, muito impressionado com tudo o que estou vendo aqui, e confesso que ansioso para levar essas notícias aos meus leitores.

– Eu gostaria que você nos acompanhasse em um resgate de uma irmã que está vindo definitivamente para a nossa colônia. Assim, acreditamos que você poderá acompanhar a tudo e relatar passo a passo para a humanidade.

– Será um prazer – disse.

– Você vai conosco, Nina?

– Se for permitido...

– Então, vamos juntos acompanhar o resgate de Janice.

Naquele momento, eu fiquei ainda mais impressionado com a luz de Zorah... como é linda a vida dos espíritos.

Em desdobramento, eu as acompanhei emocionado, curioso e feliz pela oportunidade.

Entrei rapidamente naquele cenário mostrado pela Zorah.

“

A vida não se resume a esta vida!

”

Nina Brestonini

Janice

Estávamos em uma caravana de luz que deixou a colônia e partiu em direção a um leito de hospital.

Esses deslocamentos são rápidos e sempre acompanhados pelos nossos mentores. Nina estava ao meu lado, o que me deixou bem tranquilo.

Chegamos rapidamente ao lugar, acho que era em São Paulo. Subimos até o 12º andar de um lindo e elegante prédio. Na porta do local que iríamos entrar, tinha uma placa com os dizeres: Centro de Tratamento Intensivo.

Entramos na sala e ficamos em pé, ao lado de uma maca, na qual uma senhora estava em seus últimos momentos de vida.

Em uma cadeira muito próxima à maca, estava sentada uma jovem de, aproximadamente, 20 anos. E numa outra, um senhor de cabelos grisalhos, cabisbaixo e muito triste.

Ele folheava um livro.

Foi quando um médico entrou.

O médico também tinha os cabelos grisalhos, e logo que entrou eu vi que todos se levantaram para recebê-lo.

– Bom dia!

– Bom dia, João! Como está a minha mãe? – perguntou ansiosamente a jovem.

– Olha, para ser bem sincero, eu aconselho vocês a reunirem seus familiares e se despedirem de Janice, pois não temos mais o que fazer, infelizmente. Como eu havia dito mais cedo ao Augusto, não há nada mais que possamos fazer, seu quadro é terminal, lamento.

Naquele momento, o senhor se aproximou da jovem e a abraçou.

Eu pude ver lágrimas nos olhos de ambos.

– Coitada da minha mãe, ela não merecia terminar assim, sempre foi uma mulher trabalhadeira, alegre, e por mais que tenha sofrido, nunca reclamou de nada. Você acha mesmo que ela vai morrer? Você tem certeza, João, de que não há mais nada que possamos fazer?

– Como te disse, Carla, não há mais o que a ciência possa fazer, o câncer foi bem agressivo; seu estado é quase vegetativo e nos limita a prescrição, não há como reverter, o quadro é terminal, infelizmente.

Perdoe-me, Augusto, eu sei que é difícil para vocês tudo o que estão vivendo, mas, infelizmente, não há nada que possamos fazer – disse o médico se aproximando do pobre homem debruçado sobre a cama.

– Talvez se não tivéssemos autorizado a cirurgia ela não estivesse assim.

– Carla, me perdoe, mas não existe 'talvez' na medicina, sabíamos dos riscos cirúrgicos. Conversamos com todos vocês antes de autorizarem a cirurgia, pois o tumor era muito agressivo e sabíamos dos riscos em retirá-lo, mas era a nossa única chance, como informamos.

– Calma, filha, o João fez tudo o que era possível pela sua mãe.

– Eu sei, pai... perdoe-me, João.

– Você sabe, a sua mãe teve câncer de mama, nós tratamos, ela fez tudo certinho. Veio a cura, mas, com ela, também vieram as metástases, e estas muito agressivas. O tumor na cabeça foi o nosso grande desafio, pois os outros até conseguimos diminuí-los com as quimioterapias e radioterapias, mas este, infelizmente, não reagiu ao tratamento.

– Perdoe-me, doutor, é que eu amo tanto a minha mãe, que não consigo aceitar que ela esteja assim.

– Eu compreendo. Faça o que te disse, converse com o seu irmão, pois sua mãe tem pouco tempo de vida, infelizmente. Aliás, acho que horas de vida...

– Obrigada, João, vou conversar com ele.

– Obrigado, João – disse Augusto.

– Amanhã eu não estarei aqui, mas, se vocês precisarem de alguma coisa, é só me ligar, estou sempre à disposição de vocês.

– Obrigado, João, além de um grande médico, você acabou se transformando em meu melhor amigo – disse Augusto, emocionado.

– Não se preocupem, Carla e Augusto, qualquer coisa é só me ligar. Eu lamento, de coração, tudo o que está acontecendo, pois, a sua mãe, Carla, foi uma pessoa muito especial para mim, muito importante na minha vida, vocês sabem disso. E, você Augusto, é mais que um amigo e você também sabe disso.

– Nossa, o que seria de nós se não fosse você, João... se não fossem a sua dedicação e o seu carinho com todos da nossa família.

– Eu é que agradeço a oportunidade de tratar a professora Janice em seus últimos momentos de vida. Só lamento não poder ter feito mais. A minha gratidão a ela é eterna e vocês sabem disso.

– Eu sei, João, eu sei que você fez o que estava ao seu alcance.

– Estou indo, o meu plantão já tinha terminado, mas decidi esperar por vocês. Agora, preciso descansar.

– Vai com Deus, meu amigo.

– Até breve, Carla.

– Até.

– Qualquer coisa me ligue, Augusto.

– Pode deixar.

João deixou o CTI e dirigiu-se ao vestiário para trocar de roupa e ir para casa, rumo ao merecido descanso.

Naquele momento, o CTI foi invadido por alguns espíritos vindos da Colônia Espiritual Laços Eternos.

Eu pude ver que eram seis espíritos, dois homens e quatro mulheres. Eles se aproximaram da maca e ficaram esperando por algo que eu nem imaginava que iria acontecer.

Foi quando um rapaz, suado e nervoso, adentrou o quarto.

– Oi, pai.

– Oi, filho.

– Como ela está?

– O João disse que tem apenas algumas horas de vida.

Carla se aproximou e abraçou o irmão.

– Oi, Pedro.

– Oi, maninha. A mamãe não merecia esse final.

– Deus sabe o que faz, meu filho – disse Augusto.

– Eu sei, pai, eu sei...

Carla e Pedro se ajoelharam ao lado de Augusto, que segurou as mãos de Janice. Todos ficaram calados e olhando para a linda mulher que cumpriu os seus últimos momentos de vida.

Foi quando cu vi que, uma daquelas mulheres que chegaram da vida espiritual, estendeu suas mãos na direção de Janice, e eu pude ver saírem fluidos direcionados ao peito e à cabeça da paciente terminal.

Os outros espíritos estavam todos olhando para aquela hora final.

Janice abriu os olhos e fitou Augusto com ternura.

– Meu amor, que bom que você acordou – disse o homem.

Carla segurou a outra mão de sua mãe e não conseguiu conter a emoção. As lágrimas escorriam por sua face.

Pedro, ajoelhado ao lado do pai, fitava carinhosamente sua mãe.

– Meus amores, eu estou indo embora. Cumpri a minha missão ao lado de vocês. Eu sempre os amarei. Sempre que possível visitarei a nossa casa e cuidarei de cada um de vocês.

Carla começou a chorar mais alto.

– Minha filha, não fique assim, tenha força e cuide do seu pai e do seu irmão. Você agora é a mulher da família.

Pedro, cuide do seu pai e de sua irmã. Sempre confiei em você, meu filho, e agora entrego-te a obrigação de cuidar de todos lá de casa.

Todos estavam emocionados e atentos às fracas palavras ditas por Janice em seus últimos momentos de vida.

Ela quase não conseguia falar, mas percebi que eram os fluidos emanados por aquele espírito que lhe davam força para se despedir.

– Augusto, meu amor, eu sempre esperei por esse dia, embora nunca pensasse em te deixar, eu sempre pedi a Deus para ir primeiro. E Deus, em sua bondade infinita, concedeu-me esta graça.

As lágrimas desciam pela face cansada daquele velho homem.

– Meu amor, eu tenho algo para te dizer.

– Diga, querida.

– Sabe por que escolhi casar-me com você, Augusto?

Emocionado e em lágrimas, Augusto respondeu:

– Não, meu amor, eu não sei.

– Porque é o seu rosto que eu quero ver ao deixar a vida. Eu sabia que este dia iria chegar, e eu te amo tanto que levarei comigo as suas feições, das quais jamais esquecerei. Foi por isso que escolhi você para ser o meu companheiro de vida.

Todos choraram ainda mais.

Janice virou o rosto para Carla, esboçou um sorriso e desencarnou.

Eu vi quando o seu espírito deixou o corpo e foi colocado em uma maca, plasmada naquele ambiente, pelos rapazes que acompanhavam as quatro mulheres.

O espírito deixou o corpo e, ao deitar-se na maca, Janice voltou novamente a dormir. Alguns laços fluídicos ainda foram mantidos no corpo, o qual morria lentamente deitado àquele leito de hospital.

Eu vi quando aquele grupo de espíritos entrou em um extenso túnel de luz e seguiram por uma estrada que dava acesso à Colônia Laços Eternos.

Emocionado, deixei cair em meu rosto algumas lágrimas, que foram imediatamente percebidas por Nina e Zorah.

– Por que você está chorando, Osmar?

– Lembrei-me da minha mãe.

– São nobres as suas lágrimas.

– Obrigado e perdoe-me, Zorah.

– Não tens que pedir desculpas.

Após me refazer, perguntei:

– E agora, o que acontecerá com ela?

– Você poderá acompanhar a todo o processo, Osmar. Achamos que, dessa forma, todos poderão se preparar para a vida futura.

– Certamente, a melhor forma de ensinar é com o exemplo.

Naquele momento, voltamos para a sala de Zorah na colônia.

Logo que chegamos e nos sentamos, ela disse:

– Osmar, eu vou pedir ao Marcondes para te acompanhar e te mostrar algumas coisas, pode ser?

– Sem problemas, mas, quem é Marcondes?

– Ele já está vindo – disse Nina, sentada ao meu lado.

– Quer um copo com água, Osmar?

– Sim.

Zorah se levantou e foi até uma pequena mesa no canto da sala, na qual havia uma jarra com água e alguns copos.

Ela pegou um copo e o encheu com aquela água cristalina e me ofereceu. Eu bebi um pouco e repousei o copo sobre a mesa em que estávamos.

Foi quando ouvi uma batida à porta.

– Entre, Marcondes.

Um rapaz de uns vinte e poucos anos adentrou à sala, educadamente.

– Com licença, mestra – disse ele se aproximando de nós.

– Entre, fique à vontade, Marcondes.

– Oi, Nina! Como você está?

– Eu estou bem, Marcondes. E você?

– Estou ótimo!

– Que bom – disse Nina.

– Marcondes, este é o Osmar, ele é escritor e está escrevendo sobre a nossa colônia.

– Seja bem-vindo, Osmar.

– Obrigado, Marcondes.

– Você já sabe o que tem que fazer, não é?

– Sim, senhora, levar o Osmar para conhecer toda a nossa cidade.

– Por favor! – disse Zorah se levantando.

Eu olhei para a Nina à espera de alguma orientação.

– Vá com o Marcondes, Osmar, ele vai mostrar tudo a você, e depois eu te encontro novamente – disse Nina também ficando de pé.

Imediatamente levantei-me, cumprimentei a todos e ameacei deixar a sala, mas antes disse:

– Obrigado, Zorah!

– Vá com o Marcondes e escreva sobre tudo o que vir.

– Deixa comigo. Obrigado!

Deixamos definitivamente a sala.

– Venha, Osmar.

Ao sair, pude ver a grandeza daquele andar. Havia várias salas, todas elas funcionando com atendentes, era um entra e sai de espíritos que nunca pude imaginar.

Para me descontrair, Marcondes começou a conversar comigo.

– Quer dizer então que você é escritor?

– Sim, sou médium e escritor.

– É, eu posso ver que você está desdobrado.

– Sim, estou desdobrado.

– Você gosta do que faz?

– Muito, imagina estar aqui sempre que me solicitam para escrever sobre a vida após a vida... não tem preço!

– Aproveite bastante a sua mediunidade. Exerça-a da melhor maneira possível, meu amigo.

– Faço o melhor de mim, Marcondes.

– Infelizmente, eu conheci vários médiuns que fracassaram.

– É mesmo?

– Sim, nós que vivemos aqui, já tivemos experiências terrenas. Eu já trabalhei como mentor espiritual na Terra.

– Sério?

– Sério. E foram essas experiências que me permitiram viver aqui.

– Isso quer dizer que você aproveitou bastante.

– Eu tive muitos problemas com os médiuns que escolhi, mas, no geral, foi bom, pois aprendemos juntos.

– Que legal. Eu me vigio o tempo todo. Eu tenho a plena consciência de que não posso falhar.

– Que bom. Venha, Osmar, vamos pegar o elevador.

Nos dirigimos à área na qual ficavam os elevadores. Logo pegamos o primeiro. Eu vi que ele apertou o botão do último andar. Fiquei curioso para saber o que tinha no topo da colônia.

Não demoramos a chegar ao terraço, com poucas salas e muitas plantas. Parecia uma cobertura luxuosa.

Observei que tinham dois gabinetes enormes com paredes de vidro, por isso, imediatamente pude ver o interior deles.

Havia pessoas em reunião e tudo era muito bem decorado, com algumas mesas e sofás dispostos no ambiente, além de quadros, tapetes, algumas estátuas e muitas plantas.

– Que lugar é esse, Marcondes?

– É a governadoria.

– É aqui que fica quem dirige a colônia?

– Exatamente. Aqui ficam o Lupércio, que é o grande conselheiro, e, naquele outro gabinete à direita, fica o Juvenal, que é o governador espiritual de nossa colônia.

– Qual é a diferença de grande conselheiro para governador espiritual?

– O governador, como o próprio nome diz, é quem governa a cidade, e o grande conselheiro, também chamado de ministro, é o responsável por toda a colônia. É como se fosse o presidente, responsável por tudo e por todos os que vivem aqui, entende?

– Entendi, quer dizer que, no dia a dia da colônia, é o Juvenal quem resolve as coisas do cotidiano, e o ministro é o representante espiritual da colônia, é isso?

– Quase isso.

– Quase isso?

– Sim, é bem mais complexo do que você imagina. Eu vou te explicar. Venha! – disse ele, acelerando o passo em direção ao gabinete de Juvenal.

"

A vida material é espelhada na vida espiritual.

"

Juvenal

A governança

Nos aproximamos da porta bem larga de vidro, na qual pude ver escrito em uma placa: Governadoria.

Sem cerimônias, Marcondes abriu a porta e permitiu a minha entrada.

Envergonhado, entrei e fiquei esperando por ele, que fechou a porta atrás de mim sem fazer barulho.

Havia uma grande mesa e sentado atrás dela eu vi, pela primeira vez, o Juvenal.

Moreno, alto, olhos verdes e cabelos crespos; eu vi um rapaz de uns 35 anos sentado e escrevendo algo em algumas folhas de papel.

Ele percebeu a nossa chegada, mas nada pronunciou.

Marcondes se aproximou de mim e me pegou pelo braço esquerdo me conduzindo a sentar-se ao seu lado em uma das duas cadeiras posicionadas à frente de Juvenal, que escrevendo estava, e escrevendo continuou. Ele olhou para mim como se me pedisse calma. Para que esperássemos o momento certo para sermos atendidos.

Após alguns minutos, finalmente Juvenal levantou a cabeça, parou de escrever, e olhou para nós.

– Olá, rapazes!

– Olá! – disse Marcondes.

– Oi – disse encabulado.

– Seja bem-vindo, Osmar!

– Obrigado, Juvenal.

– Bom, Osmar, eu soube que você está aqui para escrever sobre Laços Eternos, é isso?

– Sim, fui convidado pela Nina para escrever um livro revelando esta colônia.

– Ótimo! Deixe-me te explicar sobre a administração.

– Sou todo ouvidos e lápis.

– Laços Eternos se divide em áreas que estão sob a responsabilidade de seis ministérios, quais sejam: o da Regeneração, do Auxílio, da Comunicação, do Esclarecimento, da Elevação e da União Divina. Cada ministério está sob a orientação de seis ministros. Aqui onde você está agora fica a Governadoria, como você pode ver.

Eu sou o governador desta cidade. É neste gabinete que recebo os meus colaboradores, aqueles que me ajudam na administração. Como você pode ver, as cidades espirituais são muito parecidas com as cidades terrenas e elas têm seus problemas assim como vocês os têm no cotidiano da vida corpórea.

Temos construções novas, reformas, manutenção, ou seja, tudo aquilo que você tem na sua cidade. Para que haja o perfeito funcionamento de tudo, temos algumas secretarias, como vocês também as têm no plano terreno.

Urbanismo, obras, cerimonial, comunicação, desenvolvimento, ordem pública, tecnologia e inovação, cultura, acessibilidade, entre outras. Não pense que aqui tudo acontece sozinho, não, não acontece, precisamos de espíritos cuidando de tudo aqui, assim como vocês têm as pessoas cuidando de tudo lá nas cidades em que vivem.

– Nunca imaginei que fosse assim.

– Pois é. Vocês precisam se conscientizar de que tudo o que tens na vida terrena, é reflexo do que existe na vida espiritual. Não há surpresas, e sim, revelações. E, tem mais, nós aproveitamos os espíritos que chegam aqui com as experiências vividas nas encarnações, para nos auxiliar na administração de tudo.

– Como assim?

– Por exemplo: um espírito que, na sua encarnação, viveu determinada experiência, pode ser aproveitado aqui naquilo que aprendeu e exerceu durante as suas encarnações.

– Quer dizer que, se alguém foi prefeito, ou trabalhou na administração pública, ele pode ser aproveitado aqui pela experiência adquirida na encarnação?

– Exatamente. Claro, tem de ter os requisitos necessários a exercer esse trabalho aqui, e também o merecimento. Não fique achando que qualquer um está apto para trabalhar em uma colônia. Lembre-se sempre que, Laços Eternos é uma colônia na qual os espíritos que aqui chegam ou vivem, não mais precisam reencarnar.

– Sim, eu tenho certeza de que vocês devem ter muita dificuldade em aproveitar quem vem da Terra com esses atributos.

– Você está enganado, temos muitos irmãos que chegam aqui, e logo são aproveitados.

– Perdoe-me.

– Não se julga ou se condena um, pelas atitudes dos outros.

– Verdade, Juvenal.

– Há muita coisa para fazer aqui, Osmar.

– Eu imagino que uma cidade enorme como esta, deve ter muito trabalho mesmo.

– Aqui precisamos de espíritos que tenham conhecimentos específicos para nos auxiliar. Ninguém que chega aqui fica sem trabalho, todos têm muito a dar pelas cidades espirituais. Não pense que viver na vida eterna é descanso, pois não temos mais o corpo físico e, por isso, não nos cansamos.

– Então, é você quem cuida da funcionalidade da colônia, é isso?

– Sim, eu sou o governador, sou o responsável pelo funcionamento da colônia, ou seja, cuido para que tudo funcione na mais perfeita harmonia. Sou também o governador espiritual, e tenho seis ministros para me auxiliarem na governadoria espiritual.

Como te disse, temos alguns outros ministérios.

– Sim, você me disse.

– No andar de baixo fica a coordenação dos ministérios.

– São seis, se não me engano... – eu disse.

– Exatamente, são seis. O da Regeneração, do Auxílio, da Comunicação, o do Esclarecimento, da Elevação e, por último, o da União Divina. São seis os ministros que cuidam dessas áreas e são auxiliados por outros irmãos que adquiriram conhecimento, sabedoria e domínio total de suas funções.

– Que interessante.

– O que é interessante?

– Eu nunca poderia imaginar que aqui as coisas fossem assim.

– Assim, como?

– Administração, prefeitura, governo, ministros... eu não tinha atinado para isso.

– O que seria da sua cidade se não houvesse uma governança? Se não houvessem leis, manutenção, investimento, progresso, coordenação, regras?

– Uma verdadeira bagunça.

– Pois é, por isso aqui temos tudo isso. Precisamos ordenar a nossa cidade e ter os cuidados necessários para o seu perfeito funcionamento. Existem mais de dois milhões de espíritos vivendo em nossa cidade espiritual.

– Eu creio que realmente seja necessário que exista tudo isso. Só estou surpreso.

– Ao chegarem à vida espiritual, vocês ficarão muito surpresos com muitas coisas que sequer imaginam.

– Eu já não me surpreendo mais, pois após mais de quarenta livros, vejo que precisamos expandir a nossa consciência em relação a tudo o que nos envolve.

– Que bom, Osmar.

– Aqui ao lado fica o gabinete do Lupércio. Ele é o ministro da nossa colônia, o grande orientador. Como você pode ver, há cargos e muito respeito a todos os que vivem aqui. Assim funcionam todas as colônias. Governadores, ministros, operários, amigos, auxiliares, trabalhadores, e muito mais.

Osmar, Deus nos dá oportunidades infinitas de aperfeiçoamento e melhora. Nada foge aos desígnios do Criador. Eu posso deixar uma mensagem a todos os que irão ler o seu livro?

– Pode sim, mas o livro não é meu, o livro é de vocês, os espíritos, portanto, serei o lápis que transmitirá a sua mensagem.

– Certo, lhe sou grato, posso falar?

– Claro, eu vou anotar.

– Anote, pois darei alguns conselhos a quem estiver lendo estas linhas para aproveitar a encarnação.

– Claro.

– Vamos lá...

"*Em primeiro lugar, você vai receber um corpo humano, você poderá amá-lo ou odiá-lo, mas ele será o tempo todo seu... cuide dele para que você não precise voltar novamente para recuperar o tempo perdido.*

Você aprenderá lições extremamente importantes para a sua evolução, lembre-se, você está matriculado em uma escola informal e de tempo integral, chamada vida. Todos os dias, nessa escola, você terá oportunidades de aprender as lições, você poderá amá-las ou considerá-las inúteis para a sua evolução, mas elas são suas...

Lembre-se sempre que nada está ao acaso e tudo o que te acontece tem por objetivo ser uma lição. Para você se tornar melhor, você deve aprender que você vai errar e que tudo o que for malsucedido é parte do processo. Não há erros, apenas lições...

Crescer é um processo de ensaio e erros...

Cada lição é repetida até ser aprendida, e ela lhe será apresentada de diversas formas e, quando você tiver aprendido, você passará para a próxima, lembre-se sempre das lições...

Você é um eterno aprendiz e aprender as lições é uma tarefa sem fim.

Não há nenhuma parte da vida que não contenha ensinamentos, e eles são para serem aprendidos e depois ensinados.

A vida na Terra não é melhor que aqui, se você está aqui é porque você conseguiu aprender e superar todas as provas da Terra.

Os outros são apenas espelhos de você. Você não pode amar ou odiar alguma coisa em outra pessoa, a menos que ela reflita algo que você ame ou deteste em você mesmo... tenha esse mantra em sua mente.

O que você faz da sua vida é problema seu. Você tem todas as ferramentas e os recursos de que precisa para alcançar a liberdade das encarnações. O que você faz com esses recursos, não é da conta de ninguém. A escolha é e sempre será sua. A evolução é intransferível e pessoal.

Não dê ouvidos às críticas, quem te critica está com inveja ou não conhece a sua dor. A estrada é sua, trafegue por ela com segurança para não cair.

As respostas para as questões da vida estão dentro de você. Você só precisa olhar para dentro de si, ouvir, seguir e confiar.

Você se esquecerá de tudo isso... e, ainda assim, você se lembrará de tudo... assim tens, todos os dias, uma página em branco no livro da vida... escreva a mais linda história, a sua..."

– Que ensinamento, Juvenal.

– Leve-o e compartilhe-o com todas as pessoas que você ama, pois muitas delas adentrarão nossos portões e poderão estar muito distantes de você.

– Eu lhe sou grato por tudo isso, Juvenal.

– Não agradeça...

– Já sei... escreva, Osmar – disse.

Todos rimos.

– Agora, temos de ir, Osmar – disse Marcondes se levantando.

Levantei-me, cumprimentei Juvenal, e deixamos a cobertura da pirâmide.

– Agora, precisamos ir ao hospital – disse ele, enquanto íamos para os elevadores.

– Sim, vamos.

Pegamos novamente o elevador, e eu vi quando ele apertou para parar no 13º andar.

A porta se abriu e chegamos a um andar muito grande de um hospital.

“

Deus nos concede a cada dia uma página em branco no livro da vida, o que colocamos nela é de nossa inteira responsabilidade.

”

Chico Xavier

Câmara de Reparação da Consciência

Quando as portas do elevador se abriram, confesso que fiquei assustado com o tamanho daquele lugar, era um gigantesco hospital.

– Venha, vamos visitar a Janice.

Caminhamos pelo extenso corredor no qual havia muitas enfermarias. O corredor parecia infinito e eu podia ler as placas colocadas no meio das portas enumerando àquelas salas.

Paramos em frente à sala de número 23.

Marcondes olhou fixamente para mim e disse:

– Você está preparado?

– Sim, acho que estou pronto.

– Venha – disse ele abrindo a porta.

Na hora, uma luz verde e intensa que havia em todo o ambiente quase me cegou.

Eu não conseguia contar quantos leitos tinham ali. Mas eram muitos. Todos estavam ocupados com pacientes dentro de cápsulas que os mantinham dormindo.

Caminhamos até o leito de Janice.

Paramos muito próximos a ela, e Marcondes disse:

– Aqui está a nossa irmã Janice, como você pode ver, ela está sendo assistida pelos enfermeiros do amor. Nesta câmara, ela recebe o refazimento perispiritual. Após intenso tratamento quimioterápico, todos aqueles que desencarnam devido ao câncer e chegam até aqui, recebem este tratamento. O perispírito sofre pequenas lesões após os longos tratamentos quimioterápicos e radioterápicos. Essas terapias causam lesões que precisam ser curadas antes de nossos irmãos seguirem para as próximas fases.

– Quais são as próximas fases?

– Daqui ela irá para a reparação da consciência e, depois, para o esclarecimento e conscientização. Dependendo de sua programação, ela será levada a outros setores. Os espíritos que chegam até aqui não recebem os mesmos tratamentos, isso porque todos os que vêm para cá, estão em situações evolutivas diferentes.

– Entendo, mas por que quem faz tratamento com quimioterapia e/ou radioterapia sofre essas lesões?

– O perispírito é um corpo fluídico que, ao entrar em contato com essas substâncias, sofre lesões que precisam ser reparadas. Isso é muito comum, não estranhe.

Todas as colônias espirituais têm hospitais que tratam desse problema. Nada que os fluidos aqui existentes não sejam capazes de refazer.

Janice sofreu alguns cânceres e passou por um longo processo, daí a necessidade do refazimento.

– Eu compreendo, Marcondes.

– Ela já está aqui há alguns dias. Eu trouxe você aqui para que possa acompanhar o que vai acontecer daqui por diante.

– Estou ansioso.

– Observe e escreva.

– Deixa comigo.

Naquele momento, entraram na enfermaria, as quatro mulheres que estavam no quarto do hospital no momento do desencarne de Janice, acompanhadas de Zorah. Elas se aproximaram de nós, sorridentes.

– Olá, Marcondes!

– Olá, Estefânia, como vai?

– Eu estou ótima! Viemos para acompanhar o despertar de Janice.

– Sejam bem-vindas, minhas amigas!

Todas cumprimentaram o querido Marcondes com um abraço.

– Osmar, estas são: Estefânia, Aurora, Maria, Marly e Zorah, que você já conhece. Elas são familiares de Janice e encontram-se aqui para o despertar dela, claro, exceto a querida diretora deste lugar.

Carinhosamente, todas me cumprimentaram abraçando-me.

Eu fiquei extremamente feliz e emocionado com a simplicidade daquelas mulheres.

Todas aparentavam ser novas, mas, como eu sei que na vida espiritual moldamos a forma que queremos ser vistos, logo percebi que a idade delas era variada.

– Ela vai acordar agora?

– Sim, só temos de esperar a Joana e o Pablo.

– Quem são, Marcondes? – perguntei.

– São os responsáveis por esta sala – disse Zorah.

Ficamos ali postados ao lado da maca de Janice esperando pelos que faltavam.

Passaram-se alguns minutos e eles apareceram.

Pablo, um rapaz de uns 20 anos, e Joana, uma jovem também da mesma idade.

– Bom dia a todos! – disse Pablo se aproximando.

– Bom dia! – respondemos.

Joana se aproximou e nos cumprimentou com um aperto de mão. Logo após nos cumprimentar, ela apertou um botão verde ao lado da maca e a cápsula se abriu depois de expelir todos aqueles fluidos da mesma cor.

Lentamente, Janice começou a acordar. Estefânia segurou a mão direita dela, e Marly segurou a outra.

Todos estávamos em volta da maca quando, vagarosamente, Janice acordou.

Lágrimas começaram a escorrer pelo seu rosto, emocionada ao ver aquelas lindas mulheres ao seu lado.

– Mãe! – disse ela emocionada.

– Marly! – disse Janice com um ar de sorriso entre as lágrimas.

Zorah então se dirigiu a mim e, falando baixo perto do meu ouvido, disse:

– Estefânia foi a última mãe de Janice, e Marly, a quem ela se dirigiu, foi sua irmã na última encarnação.

Todos estávamos muito emocionados.

Aurora e Maria foram suas avós, que estavam felizes e radiantes com aquele encontro.

Marcondes e Zorah não conseguiam esconder a alegria de estarem me apresentando a tudo aquilo.

Lentamente, Janice se sentou na cama, auxiliada por Estefânia e Marly.

– Sente-se, querida – disse Estefânia.

– Eu tenho plena consciência de que não estou mais entre os vivos, mamãe – disse Janice emocionada.

– Agora, você se encontra na vida plena. É chegado o nosso momento – disse Marly.

– Como estão os meus filhos e o Augusto?

– Em breve, você poderá revê-los e saberá que estão bem.

– Obrigada, mamãe!

– Não agradeça pelo fato de você estar aqui, é puro merecimento seu.

– Onde estou?

– Você está na Colônia Espiritual Laços Eternos.

– O que é isso?

– Uma linda cidade espiritual, minha filha.

– Eu sempre soube que havia algo além de mim. Eu tentei estudar sobre o espiritismo, pois ele fala da vida após a morte, mas o Augusto sempre me impedia de conhecer essa doutrina, você sabe, né mãe, Augusto é muito católico.

– Sem problemas, minha filha, o fato de você ser espírita ou não, não te habilita para estar aqui. O que te trouxe para cá foi o que você fez mesmo sem conhecer sobre as cidades espirituais. Colhemos na vida espiritual os frutos da semeadura terrena, e você sempre foi carinhosa, amorosa, caridosa e, acima de tudo, humana. Suas conquistas espirituais resultam na sua chegada até nós.

Tantas pessoas que você ajudou na escola... quantos alunos se formaram porque você sempre esteve disponível pacientemente para ajudá-los? Esse foi o seu maior investimento, minha filha, e também o seu maior patrimônio, o amor que você deu a todos aqueles que tinham dificuldades no aprendizado, o carinho, a ternura, que sempre foram características fortes de sua personalidade. Tudo isso te possibilitou a vir definitivamente para a nossa colônia – disse Marly.

– Olha, é a vovó Aurora!

– Ela então se aproximou de Janice e a beijou na face com ternura.

– Eu também estou aqui – disse Maria se aproximando.

– Meu Deus, que saudade de vocês!

– A saudade acaba quando chegamos à vida eterna, minha neta.

– Que alegria estar aqui, eu só espero que o Augusto e os meus filhos não fiquem sofrendo pela minha morte.

– Eles não estão sofrendo. Já se passaram alguns meses do seu desenlace. Em breve, você poderá vê-los e isso te confortará.

– Meses?

– Sim, já se passaram quatro meses do seu desencarne.

– Meu Deus! Parece que fui dormir ontem e acordei hoje.

– O tempo aqui é muito diferente do tempo de lá.

Naquele momento, eu reparei que Janice não nos via e questionei ao Marcondes.

– Ela não pode nos ver?

– Não, você não faz parte daqui, por isso, você vê em espelho.

– Meu Deus!– Ele mesmo quem fez isso. Este é um momento íntimo do espírito, e o fato de ser ou estar na condição de espírito não te possibilita tudo.

– Como assim?

– Você não é daqui. E se não é daqui você verá somente o que lhe for permitido. Assim como nós também não temos liberdade para ver tudo o que acontece com vocês enquanto encarnados. Não fique achando que os espíritos podem ficar espiando quem está em outro plano com essa facilidade, se fosse assim, ninguém tomaria um banho sem estar preocupado – disse Zorah, participando da nossa conversa.

– Nossa, eu nem imaginava que as coisas fossem assim.

– Existem regras e Leis que se cumprem naturalmente, aqui e no plano dos encarnados. Ao libertar-se da matéria, o espírito tem suas limitações. Nós não podemos estar na vida dos vivos, pois não estamos mais vivos. Para estarmos na vida dos vivos são necessárias muitas conquistas. Além, é claro, de pessoas assim como você, médium dedicado ao amor.

– Obrigado pelo elogio, tento fazer o melhor todos os dias.

– Você está entendendo tudo o que está acontecendo aqui, Osmar?

– Entendo perfeitamente. E estou impressionado com a perfeição.

– Ele é, foi, e sempre será perfeito.

– Verdade.

– Eu me sinto fraca – disse Janice, deitando-se novamente.

– Deite-se, respire calmamente, nós vamos lhe aplicar um passe energético para que você possa se levantar e seguir com seus familiares – disse Pablo.

Janice, obedecendo às instruções de Pablo, se deitou e fechou os olhos.

Naquele momento, todos os espíritos que ali estavam estenderam suas mãos direcionadas a Janice, que recebeu uma carga energética muito grande.

Eu pude ver vários fluidos sobre o corpo espiritual dela. Eram fluidos de diversas cores que vibravam sobre os chacras do perispírito daquela que acabara de acordar na vida espiritual.

Vi seu corpo espiritual ampliar as cores e aumentar de tamanho. Os espíritos amigos insistiam no passe que, a cada segundo, ampliava a luz de Janice.

Ela estava ficando totalmente refeita.

Eu assistia a tudo aquilo e anotava correndo para não perder nada daquele momento especial em minha vida mediúnica.

O corpo espiritual de Janice já não estava mais na cama, ele flutuava sobre ela, tamanha era a carga energética que ela recebia.

Após alguns minutos, os espíritos encerraram o passe e Janice finalmente acordou totalmente refeita e restabelecida.

– Meu Deus, me sinto ótima agora.

– Que bom – disse Aurora.

– Podemos ir?

– Ir para onde?

– Agora, você precisa ir para o setor de reparação da consciência. Você está de alta aqui do hospital.

– O que é isso?

– É um setor muito importante da nossa colônia. É lá que todos os seus perispíritos serão refeitos. Você precisará lembrar-se de todas as suas vidas para seguir adiante.

– Meu Deus! – disse Janice, assustada.

– Não se assuste, tenha calma, nós estaremos ao seu lado.

– Vovó, eu posso te perguntar uma coisa?

– Claro, meu amor – disse Maria se aproximando de Janice.

– A senhora sabe que eu sempre fui muito agarrada ao vovô José, ele também está aqui?

– Ainda não, mas você poderá saber mais sobre ele no departamento de informações e notícias.

– Então vamos logo, eu preciso saber tudo sobre as minhas vidas, eu preciso viver! – disse Janice, dando um salto na cama.

– Você está bem, meu amor?

– Sim, mamãe, estou ótima!

– Então, vamos – disse Aurora, pegando Janice pelo braço esquerdo, auxiliando-a a se levantar e a sair da maca.

Pablo se aproximou e disse:

– Eu preciso checar uma coisa em você Janice, antes de você ir.

– Pois não, doutor.

Pablo se aproximou colocando sua mão direita sobre a testa de Janice e, por alguns segundos, ele manteve a mão na testa dela. Como fazemos com as nossas crianças para verificar se estão com febre.

Após alguns minutos…

– Você já pode ir, está liberada – disse Pablo, sorrindo.

Todos ficaram alegres.

Joana refez os lençóis da cama, após Janice se levantar.

Todos saíram em direção ao elevador.

"Qual será o próximo andar?" Perguntei-me ansioso...

“

Não entendemos o que deveríamos saber,
porque não desejamos saber o óbvio.

”

Jonas

Esclarecimento e Conscientização

Eu seguia a todos de perto e vi quando eles marcaram no elevador o andar de número 27.

Vi também que Janice já não estava mais vestida com roupas de hospital, ela vestia uma túnica azul-claro, que lhe cobria todo o corpo.

Nos pés, uma sandália franciscana branca.

O elevador transitava entre os andares a uma velocidade incompreensível para nós.

Chegamos ao andar desejado.

O andar era todo branco. As paredes pareciam de plástico. Havia móveis também brancos e as luzes que iluminavam o lugar eram azuis.

Tudo muito lindo e limpo, como é comum em lugares como as colônias.

Naquele momento, eu vi que Janice apresentava uma angústia no peito, e isso ficou claro para mim, porque havia uma desarmonia no corpo fluídico dela. Como assim, se ela estava tão bem?

Todos nós percebemos que acontecia algo, mas, como ninguém falou nada, eu me calei. Resolvi esperar pelos acontecimentos para poder escrever sobre o que se passava.

Foi quando entramos em uma sala com um divã, desses que vemos em consultórios de análise. Todos se sentaram e Janice foi colocada no divã.

Nesta sala havia uma mulher de altura mediana, vestida com uma roupa dourada, e logo apresentaram Janice a esta mulher.

– Janice, esta é Liana. É ela quem vai conduzir parte do seu tratamento neste andar.

Janice estava calada. E aceitou de pronto a proposta apresentada por Aurora.

– Sente-se, querida – disse Liana.

Janice se acomodou no divã.

À nossa frente havia uma enorme tela fluídica. Todos se sentaram em volta de Janice dando-lhe total apoio.

Marcondes e eu ficamos em pé muito próximos a todos eles.

– Vejo que você carrega algumas angústias em seu peito, quer falar sobre isso antes de começarmos seu tratamento?

– Sim, senhora – disse Janice.

– Podemos começar?

– Sim – disse Janice.

– Fale-me sobre suas angústias.

– Na verdade, eu gostaria de desabafar o que estou sentindo agora. Eu acabei de sair da reparação da consciência, mas agora vejo que deixei muita coisa passar. Eu gostaria de desabafar o que sinto.

– Diga querida, pode ficar à vontade – disse Liana, carinhosamente.

– Eu sinto que perdi muito tempo da minha vida até chegar aqui.

– Pode falar, meu amor – disse Estefânia.

– Carrego alguns sentimentos que eu gostaria de botar para fora.

– Pode falar, filha – insistia Estefânia.

– A primeira coisa é que, enquanto viva, eu devia ter me permitido ser mais alegre e feliz entre os que tanto amava. Desperdicei muito tempo, eu podia ter amado mais, ter beijado mais os meus filhos, ter mostrado a eles o quanto eu os amava.

Todos ouviam calados aos relatos de Janice.

– A segunda coisa é que eu devia ter passado mais tempo ao lado dos meus amigos, ter aproveitado melhor os nossos encontros. Foram tantos encontros nos finais de semana, nas férias, nas reuniões escolares... quanto tempo perdido.

A terceira é que eu devia ter expressado mais os meus sentimentos e as minhas emoções. Sempre me calei quando, na verdade, devia ter falado e exteriorizado o que sentia pelas pessoas. Eu devia ter sido mais transparente em relação ao que sentia por todas as pessoas que viviam ao meu lado.

Eu devia ter trabalhado menos e vivido mais. Dediquei quase toda a minha vida ao trabalho, e vejo que não trouxe nada daquilo que comprei com as minhas horas extras de trabalho. Vejo, agora, que o maior patrimônio do espírito não são as coisas materiais, e sim, as conquistas espirituais através do nosso esforço evolutivo. Devia ter ido menos à igreja e mais ao Evangelho de Jesus.

E, por fim, eu devia ter vivido uma vida mais verdadeira com aquilo que sempre acreditei, e menos com aquilo que eu fazia apenas para agradar às pessoas ao meu redor.

São estas as mágoas que trago comigo neste momento.

– Estas são lembranças muito comuns àqueles que chegam aqui. Tudo o que você viveu poderia ter sido mais proveitoso. O fato de viver em sociedade, muitas vezes, tira do espírito aquilo que realmente o engrandece na jornada evolutiva.

Agora, não há mais tempo para amargurar-se pelo passado. Hoje é o dia de você se esclarecer e modificar estes sentimentos, aproveitando-se das lições vividas para purgar o que ficou para trás e começar a construir um novo futuro, pois é para isso que estamos aqui.

Mostrarei a você nesta tela à nossa frente, algumas cenas do seu passado e, assim, você poderá extrair destas lembranças aquilo que te confortará e te levará para a sua próxima tarefa. Não mostraremos tudo neste momento, você precisará vir aqui mais algumas vezes até que tudo se complete.

– Eu entendo – disse Janice.

Naquele momento, eu pude ver todas as angústias de Janice desaparecerem de seu Eu espiritual.

Todos estávamos muito emocionados com a sinceridade de Janice e vimos seu estado espiritual se transformar à nossa frente.

Eu aprendi ali que a verdade é sempre o melhor caminho para os espíritos. Ser sincero, verdadeiro, honesto, caridoso, bondoso, amoroso... não custa caro ser assim...

Foi quando olhei para Aurora, e vi que ela deixava correr pelo seu belo rosto, algumas lágrimas de gratidão.

– Vamos às suas lembranças, Janice?

– Sim, Liana.

A tela se abriu e mostrou Janice ainda criança. Ao seu lado, estava Estefânia cuidando dela com muito amor e carinho.

Ainda ao seu lado, também estava seu pai, que ainda está encarnado.

– Olha, meu paizinho. Será que ele está bem?

– Em breve, poderemos te mostrar como todos estão, agora, vamos às suas vidas pretéritas.

Na tela apareceu Janice em outra encarnação.

Era um tempo bem distante.

Janice era uma mulher que cuidava de um orfanato.

– Olha Janice, você se lembra desse tempo?

– Sim, essas lembranças são minhas, eu sei que são minhas.

Janice cuidava de uma criança que ardia em febre. A noite era bem fria e ela estava muito preocupada com a saúde daquela menina. Naquele momento, Marly se aproximou e pegou nas mãos de Janice, dizendo:

– Obrigada por você ter cuidado de mim e me coberto com seu amor e bondade. Você cuidou de mim e me educou até eu ser adotada por uma família que me criou e me encheu de amor.

Ambas choraram abraçadas.

Outra criança, do mesmo orfanato, se aproximou de Janice para tirar algumas dúvidas sobre a tarefa escolar. Janice, pacientemente ensinou àquela menina, os deveres escolares com todo o amor.

Naquele momento, esta mesma menina apareceu se formando em medicina. Foi quando Maria se aproximou e agradeceu a ela por todos os anos dedicados.

Ambas choraram de emoção.

Naquele momento, eu já não conseguia mais segurar as minhas lágrimas.

Na tela apareceu Janice em seu último casamento ao lado de Augusto no altar da igreja. E, ao lado deles, um homem alto e muito bonito. Janice estranhou aquela presença, e logo perguntou:

– Este homem não estava no meu casamento. Quem é ele?

– Este é Lupércio, seu mentor espiritual. Você e Lupércio viveram uma vida muito distante que selou o enlace de gratidão e amor, os quais duram por todas as suas vidas.

– Que lindo! E, quem é Lupércio?

– Ele é o ministro da nossa colônia, o Grande Conselheiro.

– Ele está aqui?

– Sim, ele vive aqui, e, em breve, você poderá vê-lo.

– Meu Deus, será que sou digna desse mentor?

– Deus dá aos seus melhores soldados, as mais difíceis batalhas. E você venceu suas batalhas pessoal e evolutiva. Não temos muito mais a te mostrar neste momento, mas saiba que agora você não precisa mais encarnar, suas provas terminaram. Agora, você precisa planejar o seu futuro. Todos os que estão aqui, já estão com seus futuros planejados.

– Eu quero viver ao lado de vocês e ajudar àqueles que ficaram na Terra, posso fazer isso?

– Você está conscientizada de que não precisa mais da carne para evoluir, agora, é só escolher o que fazer e seguir aprimorando-se em nossa colônia.

Vou pedir que te levem para sua nova casa e, dentro de alguns dias, você será levada ao prédio das informações e notícias, para que possa saber como estão aqueles que ficaram na Terra e também possa solicitar para ajudá-los a terminarem a tarefa terrena.

Existiram outras vidas, mas, no momento certo, todas elas serão liberadas para você acessar e relembrar. Esses perispíritos que você usou nas encarnações anteriores são patrimônios seus, e você poderá acessá-los sempre que achar necessário. Com o tempo, você vai aprender a dominar os acessos a essas vidas e a esses perispíritos e tudo lhe será restabelecido.

– Eu só quero ser útil, isso para mim já basta.

– Há espaço evolutivo para todos os que desejam o amor como fonte única de evolução, e você já está apta a exercer sua vida espiritual, mas, antes de ir, eu quero que você veja a mais uma coisa, pode ser?

– Claro, Liana.

A tela se abriu novamente e pudemos ver uma jovem mãe em um casebre, dando alimento a um menino de quatro anos.

– Essa sou eu?

– Sim, é você.

– E quem é este menino?

– Você se lembra do João, seu médico?

– Sim, eu me lembro muito bem dele, lembro-me de tê-lo ajudado nas primeiras lições e também na faculdade.

Naquele momento, Janice começou a chorar.

– Não chore, filha – disse Estefânia se aproximando novamente.

– Mãe, Augusto e eu pagamos os estudos de João até ele se formar na faculdade, pois ele era muito pobre. Nunca contamos isso a ninguém.

– Pois bem, você cumpriu nessa encarnação o que não fez nesta a que te apresentamos em tela. Você era muito jovem e não conseguiu criar o seu filho. Você entregou o João para a adoção, e ele foi adotado, mas, infelizmente, foi muito maltratado pelos seus pais adotivos.

Você nunca soube disso, mas recebeu a oportunidade de refazer o seu caminho ao lado de João. Hoje, ele está triste por não ter podido fazer mais por você. Já temos alguns auxiliares olhando por ele no plano físico.

Mas, você foi a mãe, e o Augusto foi o pai, que nunca olharam para ele na encarnação anterior. Essa sua atitude de amor para com o próximo, além de promover o resgate da vida passada, lhe proporcionou estar entre nós nos dias de hoje.

Agora, como disse, é replanejar e seguir em frente, ainda existem algumas lembranças e revelações que você vai descortinar durante o seu processo evolutivo entre nós.

Todos estavam emocionadíssimos naquela hora.

Eu pude ver que o amor é realmente a essência da vida espiritual. Eu vi que Deus nos dá oportunidades infinitas para consertarmos os erros do nosso passado, seja na vida encarnada, seja na vida espiritual.

– Se houver mais alguma necessidade de esclarecimento e conscientização, eu peço a Estefânia que traga você aqui novamente – disse Liana.

– Eu gostaria de saber do meu avô.

– O José?

– Sim.

– Olhe para a tela – disse Liana.

A tela se abriu e todos puderam ver José atendendo a diversas pessoas, sentado a uma mesa de atendimento. Ele estava jovem, bonito, sorridente e muito feliz com o que fazia.

– Onde ele está?

– Ele trabalha na Colônia da Redenção, e todos os meses ele vem nos visitar – disse Maria.

– Então, eu poderei vê-lo em breve?

– Todos os meses ele vem até aqui e passa um final de semana conosco.

– Meu lindo vôzinho.

– Agora, vá para o seu novo lar, em breve, a gente se vê – disse Liana, feliz.

Após vários abraços e muitas lágrimas, todos se despediram e saíram da sala de atendimento.

Marcondes me aconselhou a descansar…

Eu realmente estava extasiado e muito cansado com tudo o que pude presenciar.

Mas o meu coração estava feliz, afinal, eu pude ver e escrever o amor…

“

O amor é centelha divina que brilha em todo lugar.

”

Osmar Barbosa

A nova casa

Janice foi levada por Estefânia para morar temporariamente em sua casa.

– Venha, Janice, vamos para a minha casa – disse Estefânia.

– Obrigada, mãe.

Todos se dirigiram ao elevador e desceram até a saída principal da grande pirâmide.

Janice passou a observar a tudo a sua volta e ficou muito impressionada com a colônia.

– Gente, o que é isso, que coisa linda...

– Esta é a nossa casa atual, Janice – disse Aurora, abraçando-a.

Todas caminhavam para a escadaria de acesso ao grande prédio. Ao chegarem no topo da escada, antes de descer, Maria se aproximou de Janice, a abraçou e disse:

– Esta é uma estação temporária, alguns ficam aqui por um tempo maior, mas, a maioria, decide seguir em frente, e vão para outras colônias para trabalharem em seus aperfeiçoamentos pessoais. Quando você estiver mais disposta, posso conversar um pouco mais sobre isso com você.

– Claro que sim, vamos conversar. Agora, eu gostaria mesmo é de passear um pouco por esta cidade e conhecer cada cantinho.

– Eu vou te levar, Janice – disse Estefânia.

Todas, felizes, desceram as escadas.

– Agora, temos de cuidar das nossas coisas – disse Marly.

– É verdade – disse Aurora.

– Estefânia vai cuidar de você, minha filha – disse Maria.

– Está bem. Eu só quero conhecer este lugar.

– Ela vai te levar, mais tarde podemos nos encontrar para um chá, o que acham?

– Vamos sim, Maria.

– Então, fica combinado, no final do dia nos encontraremos na casa de Estefânia para um delicioso chá.

Todas concordaram e se separaram.

– Venha, filha, vamos caminhar.

Estefânia e Janice saíram a passear pelas avenidas arborizadas de Laços Eternos.

– Estou impressionada com este lugar, nunca imaginei que pudesse existir um lugar como a este… como Deus é bom!

– Ele é perfeito, filha, e tem tanta coisa que você precisa saber ainda, que nem me arrisco a começar a contar.

– Conta para mim, mãe?

– A primeira coisa pela qual você deve aprender e se acostumar, é não me chamar mais de mãe.

– Por quê?

– Porque eu fui sua mãe, não sou mais. Eu escolhi receber você na minha última encarnação, porque tínhamos de finalizar algumas pendências de vidas pretéritas. Você já teve algumas mães, e não é justo que somente eu receba esse título, entende?

– Mas eu não me lembro de outras mães.

– Ao chegarmos aqui, logo somos informados das principais tarefas que nos aproximaram da nossa realidade espiritual. Eu sugiro que, após você se adaptar bem a esta colônia, você volte ao prédio do esclarecimento e conscientização para lembrar-se de todas as suas vidas. Quando você decidir por isso, irá se lembrar de todas as mães que você já teve em todas as encarnações, por isso, não é justo que você mantenha o sentimento materno sobre mim, embora eu me sinta lisonjeada.

– Eu compreendo e concordo, mas por que não me recordaram logo todas as minhas vidas?

– É desnecessário passar por isso neste momento. O mais importante agora, é que você se adapte a este lugar e compreenda como tudo aqui funciona. Lembre-se que você não vai mais encarnar, por esse motivo, torna-se desnecessário voltar ao passado. Você já venceu aos processos encarnatórios.

– É verdade, se não vou mais reencarnar, para que servem essas lembranças?

– Isso. Agora, você tem de idealizar e correr atrás de seus projetos evolutivos, é sobre isso que você tem que decidir.

– Como assim, Estefânia... perdoe-me, é este mesmo o seu nome?

– Viu como você já está aprendendo... o meu nome é Estefânia sim, você pode me chamar por esse nome.

– Fale-me sobre os projetos.

– Agora, você deve decidir se vai trabalhar e estudar para ascender às colônias superiores ou se vai passar um período aqui. Tenho que te informar que você não poderá viver eternamente em Laços Eternos, pois nenhum espírito vive eternamente em uma colônia, todos nós temos de evoluir e seguir adiante, entende?

– Sim, entendo perfeitamente. Realmente não faz sentido, após várias encarnações, o espírito permanecer eternamente em um só lugar. Deve haver algo a mais que isso.

– Exatamente. Existem muitas coisas além desta estação evolutiva. Você vai aprender que existem milhares de estações como a esta, e logo, desejará navegar por esse imenso oceano evolutivo.

– Meu Deus!

– O que houve?

– Como Ele é perfeito, como Deus é perfeito!

– E sendo perfeito, Ele deseja que todos os seus filhos se tornem perfeitos também. Se você entender isso, você entenderá a vida espiritual.

– Eu entendo.

Naquele momento, Janice parou de andar e fixou o seu olhar em um prédio com o formato de pirâmide, mas bem menor. Ela parou de andar bem em frente a esse prédio e ficou admirando a beleza do lugar.

– Que prédio é esse, Estefânia?

– Este é o prédio da Programação Futura.

– Programação Futura?

– Sim, é aí que você aprende, conhece e planeja o seu futuro espiritual.

– Meu Deus!

– Você pode me explicar como funciona a Programação Futura?

– Você não quer conhecer?

– Eu posso?

– Você faz parte de Laços Eternos agora.

– Posso te dizer uma coisa?

– Sim, claro!

– Como faço para apagar de dentro de mim, o amor que sinto por ter sido a sua filha?

– O amor não se apaga, quando ele existe, ele é eterno. Você nunca vai deixar de me amar como mãe, mas, precisa saber que, logo logo você irá se lembrar de outras mães, e esse sentimento de gratidão familiar vai se expressar dentro de você.

– Agora, eu entendi.

– Mesmo porque, eu fui sua mãe na vida passada, mas posso ter sido sua inimiga em vidas anteriores. Qual é o sentimento que você vai nutrir, o de amor de mãe ou o de ódio da inimiga, quando lhe forem reveladas todas as encarnações?

– Provavelmente, o de amor, porque eu nunca guardei ódio ou mágoa de ninguém. E quer saber...

– Sim.

– Eu não quero saber do meu passado, se estou aqui, mereço essa conquista e vou vivê-la intensamente.

– Você aprende rápido, menina...

– Sou sua filha, lembra?

Risos...

– Mas é de suma importância que você saiba que encarnamos muitas vezes ao lado daqueles que precisamos ajustar os nossos sentimentos.

– Por que você insiste nesse assunto? Você já foi minha inimiga em alguma vida?

– Certamente que tínhamos pendências a serem ajustadas, caso não houvessem, eu não seria sua mãe.

– A perfeição divina, é isso?

– Sim, é convivendo, odiando e amando que aprendemos a amar a todos, desejo universal da Lei Maior. Há lugares na vida espiritual nos quais os espíritos se amam e vivem em perfeita harmonia.

Venha, vamos entrar e eu vou te mostrar algumas coisas.

– Vamos sim.

Estefânia e Janice atravessaram a linda alameda e chegaram ao prédio da Programação Futura.

O prédio era muito parecido com a Pirâmide central.

Em Laços Eternos, as pirâmides estão espalhadas por todo o lugar.

– Venha – disse Estefânia indo à frente.

Maravilhada com a beleza do local, Janice demorou um pouco até perceber que precisava seguir sua instrutora.

– Vem! – insistia Estefânia que aguardava Janice na porta de entrada.

Em frente a esse prédio, havia alguns ipês-amarelos que deixavam suas flores cobrirem o chão, formando um lindo tapete no qual Janice arrastava os seus pés, brincando feito criança.

Estefânia deixou de insistir e observava alegremente ao que Janice fazia. Uma alegria intensa invadiu o coração de Estefânia que, feliz, observava Janice a brincar.

Após alguns minutos, finalmente, ela chegou à porta de entrada do prédio.

– Desculpe, mas sempre que ia ao nosso sítio, eu me sentava embaixo de um ipê como este.

– Algumas vezes, eu ouvia o que você dizia a mim quando estava em seu momento pessoal.

– O que a gente pensa, chega até vocês, quer dizer, até nós?

– Sim. Se vier do coração chegará até nós.

– E, como sei se chegou alguma mensagem para mim?

– Você receberá um chamado para ir até o prédio da Informação e Notícia.

– Que legal!

– Tudo aqui é muito legal. Venha, vamos entrar.

Janice e Estefânia entraram no prédio. Na recepção havia um lindo aparador com alguns vasos com flores coloridas. Do lado esquerdo, um pequeno balcão de recepção, e, atrás dele, um rapaz.

– Venha – disse Estefânia se dirigindo ao balcão.

Do lado direito da entrada, havia alguns sofás com pessoas aguardando atendimento. Todas bem descontraídas, conversando e algumas lendo a jornais e revistas.

– Boa tarde!

– Boa tarde, Estefânia! Seja bem-vinda!

– Eu trouxe a Janice para conhecer a Programação Futura, ela acabou de chegar e está bem curiosa sobre tudo aqui.

– Seja bem-vinda, Janice! Vocês podem subir ao terceiro andar. Toma, leve este crachá.

– Qual é o seu nome, rapaz? – perguntou Janice.

– Lúcio.

– Obrigada, Lúcio, pela sua gentileza.

– Não tem de quê – disse o rapaz, sorrindo.

– Venha, Janice.

Ambas pegaram o elevador e subiram ao terceiro andar.

Ao chegar, era possível ver uma sala de cinema com uma tela bem grande.

– É um cinema?

– É como se fosse, Janice. Venha, vamos nos sentar e assistir.

Mais à frente, havia quatro pessoas sentadas. O lugar tinha poucos lugares, podia-se contar o máximo de dez.

As luzes se apagaram e as encarnações de Marta começaram a ser mostradas.

Marta estava sentada logo à frente, ao lado do seu marido e dos dois filhos. Todos desencarnados e vivendo em Laços Eternos.

As encarnações de todos eram mostradas na grande tela.

Emocionados, todos choravam ao lembrar das vidas anteriores.

Após mais de uma hora de apresentação, a tela começou a mostrar as colônias superiores. Lugares inimagináveis ainda para nós.

Maravilhados, Marta, seu esposo e seus filhos se abraçaram e começaram a planejar a vida futura em outras estações.

– Olha esse planeta, Joel.

– Realmente, é muito lindo.

– Precisamos conquistar o direito de irmos para lá, meus amores.

– É verdade, mãe.

Após alguns minutos, a tela se apagou e as luzes do salão se acenderam. Janice estava impressionada com tudo o que via e mal conseguia se mexer sentada ao lado de Estefânia, que observava a tudo, calada.

– Venham, vamos nos inscrever para as colônias superiores – disse Marta se levantando e puxando Joel e seus filhos.

– Que lindo! – disse Janice.

– Após ver seu passado e planejar seu futuro, você terá de trabalhar e estudar para merecer a oportunidade evolutiva. Aqui, todos trabalham e estudam a fim de evoluir ainda mais.

– Eu já entendi perfeitamente o que acontece aqui. Ao chegarmos aqui, mergulhados no oceano das dúvidas, recebemos esse carinho e amor aos quais você está me dando. Ao compreender que o amor é a base de tudo, percebo que eu preciso ir além, e, para ir além, tenho de me esforçar, me modificar, me melhorar, e fazendo isso, conquisto o meu espaço na vida espiritual podendo, inclusive, viver em cidades ainda mais superiores.

– Você está começando a despertar, começando a ser quem você é em essência. Durante o período de encarnação, quase todas as nossas lembranças são apagadas e, conforme os dias vão passando aqui, elas vão voltando lentamente.

– Percebo que sou algo além de mim mesma.

– Exatamente.

– Eu posso ver todo o meu passado e planejar o meu futuro?

– Ainda não. Para que você consiga isso, é necessário merecimento, como já te disse.

– Então, para eu mudar de colônia, eu preciso de quê?

– Evolução...

– Entendi. Eu ainda não estou pronta para ascender aos planos superiores.

– Mas você tem acesso livre aos planos inferiores, e isso é bom.

– Sério?

– Sim, existem estações que são inferiores à nossa, como você já conquistou a esta, você pode ter livre acesso às inferiores.

– Inteligência Divina.

– Pode ser...

– Estou encantada com tudo isso.

– Venha, vamos para casa, eu preciso te mostrar uma coisa.

Janice se levantou e seguiu Estefânia, que desceu pelas escadas evitando o elevador.

– Venha.

– Estou indo.

Após algumas quadras, elas finalmente chegaram à área dos condomínios residenciais da colônia.

– Meu Deus!

– O que houve, Janice?

– É tudo perfeito demais aqui, olha, os condomínios residenciais são separados das áreas em que ficam as pirâmides e os prédios.

– As cidades espirituais são planejadas e muito bem cuidadas, Janice.

– Eu vejo que quem as planejou pensou em tudo. Olha este riacho que corta todo o condomínio; veja estas árvores com flores e folhas multicoloridas.

Observe estes jardins que enfeitam as casas.

Olha as casas. As cercas, e veja, tem esquilos e outros animais.

– *A vida terrena é um espelho da vida espiritual.*

– Aqui tem cães, gatos etc.?

– Sim, eu tenho uma cadela em casa. Venha, vamos nos encontrar com a Lili. Após dobrarem duas esquinas na área residencial, finalmente Estefânia e Janice chegaram a uma linda casa linear, onde Estefânia mora.

– Venha, entre.

Naquele momento, a cadela, de nome Lili, correu e saltou no colo de Janice. Que abraçou o animal e não conteve as lágrimas.

Lili beijou Janice e não conseguia parar de externar sua alegria.

Naquele instante, Janice começou a chorar compulsivamente.

– É ela, não é?

– Sim, Janice, é a sua cadela Bela.

– Meu Deus...

Janice, em prantos, se ajoelhou abraçando a cadela.

Estefânia assistia ao encontro de amor sem nada dizer.

Após muitos beijos e centenas de lágrimas, finalmente Janice se acalmou e recebeu, das mãos de Estefânia, um copo com água.

Ambas se sentaram no sofá e ficaram brincando com a cadela Lili.

O silêncio foi quebrado, quando surgiu um rapaz de uns 18 anos.

Mais uma emoção incrível para Janice.

– Humberto?

– Oi, maninha.

Janice correu para abraçar o rapaz que, feliz, retribuiu o carinho abraçando a Janice.

– Por que você não me falou que ele estava aqui, Estefânia?

– É uma das minhas surpresas para você.

– Meu Deus, como você está bonito, Humberto!

– Obrigado, Janice!

– Como Deus é bom!

– Sim, Ele é maravilhoso!

– Quer dizer que estamos juntos novamente?

– Sim, quando eu cheguei aqui, o Humberto estava me esperando.

– Que coisa boa, Estefânia.

– Realmente, a vida espiritual é cheia de surpresas, e você ainda vai ter mais algumas.

– Tenho de preparar o meu coração para todas essas emoções.

– Fique tranquila, eu estarei ao seu lado e este coração não morre mais.

Risos.

– Bom, meninas, foi muito bom revê-las, mas eu tenho de ir trabalhar, mais tarde nos encontramos no jantar, está bem?

– Vai com Deus, meu amor! – disse Janice se despedindo de Humberto, que beijou a sua mão, ele abraçou Estefânia e saiu.

– Posso te perguntar uma coisa, Estefânia?

– Sim, claro, você pode me perguntar qualquer coisa.

– A minha outra irmã está aqui?

– Aqui onde?

– Nesta colônia?

– Não, infelizmente, a sua irmã Mara não adquiriu a permissão para viver em Laços Eternos.

– E onde ela está?

– Está na Colônia Nosso Lar, vai reencarnar em breve.

– Mas já faz mais de vinte anos que ela morreu.

– O tempo daqui é bem diferente do tempo da Terra.

– Entendo, aliás, estou vivendo isso. Bom, mas pelo menos o Humberto está aqui e isso é bom.

– Exatamente. O Humberto sempre foi um espírito muito evoluído, e o fato de ter desencarnado quando ainda era uma criança, não muda nada, na verdade, ele só encarnou para ajudar a sua irmã, mas ela não compreendeu. Você lembra da dificuldade que eles tinham quando eram pequenos?

– Se lembro. Como você e papai sofreram.

– Ela terá outras oportunidades. Confiemos nos desígnios de Deus.

– Você não sente saudades de papai?

– Sempre que posso, eu o visito.

– E eu poderei visitar os meus?

– Sim, com certeza.

– Eu nunca poderia imaginar que a minha morte fosse tão boa.

– A vida é uma locomotiva de oportunidades.

– Que bom, Estefânia, eu estou muito feliz!

– Janice, deixe-me te mostrar uma coisa, já que você vai morar temporariamente aqui, eu vou te mostrar o seu quarto, pode ser?

– Claro, perdoe-me, eu vou morar em outro lugar?

– Se quiser viver comigo, você poderá ficar o tempo que quiser.

– Eu não tenho de ir embora para uma casa somente minha?

– O que nos une na vida espiritual é o amor que sentimos uns pelos outros, mas a liberdade é direito de todos.

– Eu quero viver eternamente ao seu lado, Dona Estefânia, posso?

– Claro que sim, meu amor.

Janice abraçou carinhosamente a Estefânia, que não conseguia esconder a emoção daquele dia.

Após se refazerem, Janice e Estefânia seguiram até o quarto com a cadela Lili no colo.

– Lindo este quarto, linda esta casa, lindo este lugar.

– Você gostou?

– Estou apaixonada com a minha nova vida!

– Que bom, agora, precisamos ir até a cozinha para preparar o chá para o nosso encontro com as meninas.

– Já tinha até me esquecido que tínhamos marcado com elas.

– Venha, vamos.

Janice e Estefânia se divertiam na cozinha preparando os biscoitos e doces para o encontro da tarde.

Emocionado, eu voltei para a minha estação evolutiva na Terra.

“

Há várias estações evolutivas na vida espiritual.

”

Janice

Carla

Após aproximadamente seis meses em Laços Eternos, Janice já estava bem-adaptada à nova vida. Morava com Estefânia e havia se candidatado para trabalhar no setor de Esclarecimento e Conscientização, pois havia ficado fascinada com aquele que, para ela, era o mais importante trabalho da colônia.

Depois de pegar um copo com água, Janice se sentou em uma confortável cadeira na varanda, e ficou à espera de Estefânia que estava em seu quarto e se preparava para mais um dia de trabalho.

Alguns minutos se passaram e, um mensageiro vindo do setor de Informações e Notícias, chegou à casa de Estefânia.

– Bom dia!

– Bom dia, meu rapaz!

– A sra. Estefânia está?

– Sim, ela está se arrumando para sair.

– A senhora poderia chamá-la para mim?

– Sim, claro.

Naquele momento, Janice se levantou e foi até a sala da casa para chamar por Estefânia, que estava sentada organizando uns papéis antes de sair.

– Estefânia?

– Sim.

– Tem um mensageiro aí fora querendo falar com você.

– Peça a ele para entrar, por favor, Janice!

– Peço sim.

Janice se dirigiu à porta principal e chamou o rapaz para entrar.

– Menino, perdoe-me, qual o seu nome?

– Josivaldo, senhora.

– Venha, Josivaldo, você pode entrar, Estefânia está te esperando.

– Com licença, senhora – disse o educado rapaz, entrando lentamente na sala onde Estefânia o esperava.

– Olá, Josivaldo, como você está?

– Estou bem, e a senhora?

– Estou ótima! O que tens para mim?

– Trago uma mensagem urgente de Alexandre.

O rapaz disse isso entregando nas mãos de Estefânia um pequeno envelope contendo uma mensagem.

Ela então o abriu e leu seu conteúdo.

Sua aparência se modificou. Pude notar que ela ficou preocupada com o teor da curta mensagem.

– Obrigada, Josivaldo, diga ao Alexandre que estou a caminho.

– Obrigado, senhora – disse Josivaldo virando em direção à porta de saída.

Janice percebeu que algo grave havia acontecido e perguntou:

– O que houve? O que aconteceu?

– Agora eu tenho de falar com o Alexandre, depois eu te digo o que está acontecendo, perdoe-me – disse Estefânia se levantando rapidamente.

Ela pegou o bilhete e o guardou em seu bolso.

Logo, Estefânia deixa o lugar.

Janice ficou muito preocupada, mas conteve sua curiosidade, aguardando que Estefânia voltasse para lhe contar o ocorrido.

Ansiosa, Janice foi à cozinha, pegou outro copo com água e se sentou novamente na varanda. Uma hora depois, Estefânia retornou com um ar de preocupação.

Janice a recebeu no quintal no qual os jardins floridos harmonizavam todo o lugar.

– O que houve, Estefânia? Estou muito preocupada com você. Quem é Alexandre?

– Venha, vamos nos sentar – convidou a anfitriã.

Janice se sentou no banco da varanda ao lado de Estefânia e começou a falar:

– O que está acontecendo? Por que você saiu correndo para se encontrar com o tal Alexandre?

– Alexandre é diretor do setor de Informações e Notícias, você ainda não foi lá, mas esse setor é como os Correios, é nele que recebemos notícias dos que ainda estão encarnados.

– Eu sei, a Aurora já me explicou sobre esse lugar. Inclusive, ela me disse que já fez uma solicitação para que eu possa ver os meus filhos e o Augusto. Sinto muitas saudades de todos.

– É exatamente sobre os seus filhos que eu quero falar.

– Aconteceu alguma coisa com eles?

Por alguns minutos, o silêncio imperou entre as amigas.

– Fala logo, Estefânia! Não me deixe assim...

– É sobre a Carla.

– O que houve com a minha filha?

– Ela desencarnou em um grave acidente de carro.

– Meu Deus, minha filhinha – disse Janice em lágrimas.

– Tenha calma, nós poderemos ajudar.

– Ajudar como? Como foi esse acidente? E os outros, estão bem? Ela estava sozinha ou estava com alguém?

– Ela estava com o Pedro.

– Meu Deus, e ele?

– Ele sobreviveu ao acidente e está hospitalizado, o seu estado é considerado grave.

– Meu Deus, que tragédia!

– Não existem tragédias, tudo está nos planos evolutivos dos espíritos.

– Onde está a Carla?

– Fique calma.

– Onde ela está, Estefânia?

– Olha, eu marquei uma audiência exclusiva para você com o Alexandre, e ele vai te mostrar onde ela está, como está o seu filho e o que poderemos fazer. Agora, fique calma. Beba esta água – disse Estefânia entregando o copo com água nas mãos de Janice.

Ela obedeceu a Estefânia e bebeu os últimos goles restantes do copo d´água.

Estefânia acariciava Janice. Ambas buscavam se acalmar para planejar e pensar o que poderiam fazer.

– Quando é que o Alexandre vai poder nos atender?

– Daqui a duas horas, Janice. Ele precisa desse tempo para organizar o nosso atendimento.

– Meu Deus, meu filho...

– Fique calma. Venha, vamos entrar – disse Estefânia se levantando.

Após algum tempo, Estefânia e Janice se dirigiram ao prédio de Informação e Notícias. Ele tinha o formato de uma pirâmide, assim como os outros, só que bem menor.

Em sua cúpula podia-se ver um feixe de luz que descia do céu azul iluminando àquele lindo prédio. Na recepção, duas jovens aguardavam a chegada de Janice e Estefânia.

– Boa tarde, Janice.

– Boa tarde.

– Olá, Estefânia!

– Oi, Débora.

– Janice, eu me chamo Débora, e vou levar você para encontrar-se com o Alexandre.

– Obrigada, querida!

Janice e Estefânia acompanharam Débora até o sexto andar, onde Alexandre as aguardava em uma das salas de atendimento.

Débora, após bater suavemente à porta, ouviu a autorização de Alexandre para que todos entrassem.

Alexandre é alto, moreno de barba bem-feita, olhos castanhos. Estava vestido com uma roupa branca que lhe cobria todo o corpo, e, nos pés, um sapato também branco.

– Seja bem-vinda, Janice! Olá, Estefânia!

– Oi, Alexandre.

A sala era pequena, na verdade, era um pequeno auditório com uns oito lugares.

Alexandre estava sentado na primeira fileira e, ao seu lado, se sentaram Janice e Estefânia.

– Sente-se, Janice – disse ele apontando o lugar ao seu lado.

Visivelmente nervosa, ela se sentou ao lado de Alexandre.

– Fique calma, Janice – disse o instrutor.

– Eu estou me acalmando. Onde está a minha filha, Alexandre? E meu filho, vai sobreviver?

Estefânia também se sentou ao lado de Alexandre e olhava para ele com ternura e amor.

– Eu preciso te dizer algumas coisas antes de falar sobre a Carla.

– Diga, por favor, Alexandre.

– Você já foi conscientizada e agora sabe que somente os espíritos que já terminaram seus processos encarnatórios é que têm a permissão para viver em Laços Eternos, não é mesmo?

– Eu sei disso.

– Pois bem. Sua filha não seguiu a mesma linha evolutiva que a sua e, como você sabe, ela estava ao seu lado para que, através dos seus exemplos, pudesse purgar os delitos do passado e, com isso, poder vir para a nossa colônia. Mas, infelizmente, isso não aconteceu.

– Eu fiz o que pude, mas ela é muito teimosa. Sempre tivemos muita dificuldade com ela, Augusto e eu fizemos de tudo para evangelizá-la, demos todo o amor do mundo, mas ela é muito difícil.

– Não se culpe por ela não vir para cá. Ela terá mais algumas oportunidades evolutivas.

– Se ela não virá para cá, para onde ela vai?

– Infelizmente, a Carla encontra-se no Umbral.

– Meu Deus! – disse Janice assustada.

– Fique calma – disse Estefânia se levantando para se sentar ao lado de Janice.

Ela segurou suas mãos, e Janice entrou em prantos.

– Fique calma, eu vou te mostrar como ela está, mas não se impressione, mantenha-se calma, pois buscaremos uma forma de ajudar a sua filha. Infelizmente, a Carla ocultou muitas coisas de vocês e, agora, colhe os frutos da semeadura da última encarnação.

– Mas o que ela fez de tão grave para merecer o Umbral?

– Você poderá acompanhar, por favor, olhe para esta tela à nossa frente.

Débora chegou com um copo d´água para Janice, que agradeceu o carinho.

– Obrigada, Débora.

Naquele instante, uma tela se abriu e Carla foi mostrada para a sua mãe. Ela estava triste, trancada em seu quarto, em um apartamento que acabara de ganhar de presente de seus pais.

Carla tinha pensamentos confusos e era possível ver que ela precisava de algo para se equilibrar. Naquele instante, ela abriu uma gaveta na cabeceira de sua cama e retirou uma seringa e alguns envelopes... foi possível ver claramente que Carla era dependente química.

Os olhos de Janice se encheram de lágrimas.

Alexandre se dirigiu a ela:

– Você quer mesmo ver o restante?

– Nem preciso ver, por favor, me poupe dessa tristeza. Eu nunca imaginei que a minha filha fosse usuária de drogas.

– Não foi isso que a levou para o Umbral. Confesso que acho mesmo desnecessário que você veja a tudo o que ela fez para estar nesse estado. O mais importante agora, é agirmos para conseguir o socorro dela.

– Como podemos fazer isso, Alexandre?

– Eu já enviei um ofício à coordenadoria de resgate nas regiões de sofrimento. Lamento te informar que a nossa colônia não dispõe desse recurso. Será necessária a intercessão de amigos de outras colônias.

– Não podemos socorrer espíritos que estão em sofrimento no Umbral?

– Não, essa não é nossa tarefa. Para isso, existem colônias especializadas, e é a elas que recorremos quando precisamos ajudar àqueles que são nossos afins e que se encontram nessas regiões.

– Compreendo. E qual é a colônia que irá nos ajudar?

– Temos laços estreitos com os amigos da Colônia Espiritual Amor e Caridade.

– E eles já responderam ao seu ofício?

– Ainda não, mas creio que responderão muito em breve.

– Eu posso ver o meu filho?

– Sim, claro, preste atenção à tela.

Naquele momento, a tela mostrou Pedro deitado em um leito de hospital. Ao seu lado, estavam Augusto e o dr. João.

– Olha, o João novamente cuidando de nós – disse Janice.

– Seu filho vai sobreviver – disse Alexandre acalmando a todos.

Janice olhou para seu marido e seu filho e chorou compulsivamente.

– Por que você está chorando, Janice?

– Saudades deles, Estefânia, mas fico feliz em saber que meu filho irá sobreviver. O Pedro é um rapaz muito bom, um filho exemplar.

– Ele vai se recuperar. Já temos uma equipe nossa cuidando dele naquele hospital.

– Equipe, como assim?

– Eu enviei outro ofício ao setor de Apoio e Vigilância, e eles já enviaram uma equipe de médicos da nossa colônia para socorrer o seu filho. Já recebi informações de que, em breve, ele sairá do coma induzido e se recuperará. Não haverá sequelas do acidente.

– E o meu marido, coitado... perdeu a mim, agora perdeu a Carla... ele deve estar sofrendo muito.

– O Augusto é um homem forte, um espírito experiente que já viveu muita coisa. Cristão, amante da família e extremamente culto, ele sabe que o que está vivendo é para o seu engrandecimento espiritual. Não se preocupe com ele, embora esteja passando por tudo isso, temos a convicção que um dia ele estará entre nós aqui em Laços Eternos.

– Eu agradeço o seu carinho para com a minha família, Alexandre. Não tenho palavras para agradecer a você por tudo o que está fazendo por nós.

– Você é parte da nossa família, você é de Laços Eternos, e estaremos sempre ao lado de todos aqueles que são importantes para você. Fique tranquila, o socorro para a sua filha já está a caminho.

– Sou-lhe grata por tudo!

– Não me agradeça, tudo o que recebes de nós é por seu merecimento.

– Obrigada, Alexandre.

– Eu tenho ainda outra notícia para te dar.

– Meu Deus!

– Está preparada?

– Sim, estou.

– Você foi aceita na função desejada. Amanhã mesmo você começa a trabalhar. Aproveite ao máximo a oportunidade oferecida a você e cresça ainda mais. Conquiste seu lugar entre nós!

– Eu agradeço a todos vocês pelo que vocês têm feito por mim. Agradeço a oportunidade de trabalho ao lado de vocês, e podem ter certeza de que darei o máximo de mim por esta colônia.

– Ficamos felizes! – disse Estefânia.

– Seque suas lágrimas e vamos ao trabalho – disse Alexandre.

– Eu sou forte, só gostaria que minha filha fosse resgatada o mais rápido possível.

– Confiemos em nossos amigos de Amor e Caridade.

– Obrigada, Alexandre.

– De nada, querida!

Naquele momento, Estefânia conduziu Janice para a sua casa, e ambas se recolheram para o descanso merecido.

Após uma boa conversa, Janice estava mais calma, algo em seu peito lhe assegurava que todos ficariam bem.

“

A sua vida será sempre o que você esteja mentalizando constantemente. Em razão disso, qualquer mudança real em seus caminhos, virá unicamente da mudança de seus pensamentos.

”

André Luiz

Colônia Espiritual Amor e Caridade

A Colônia Espiritual Amor e Caridade fica dentro da Colônia das Flores. É uma colônia que foi criada para atender a crianças que desencarnam vítimas de câncer, além de socorrer a milhares de centros espíritas que buscam o socorro dos espíritos amigos que ali vivem.

A Colônia das Flores está situada sobre os estados de Santa Catarina, Paraná, Mato Grosso do Sul, e parte do interior de São Paulo. É uma colônia bem grande e muito antiga. Tem por finalidade atender aos pacientes que desencarnam vítimas de câncer.

Todos os centros espíritas que trabalham com Apometria e Deametria têm, por amparo, o Hospital Espiritual Amor e Caridade, este que fica na colônia homônima.

Nina Brestonini, Frei Daniel, Marques, Felipe, Rodrigo, Maria Eugênia, Soraya, dra. Sheila, dr. Franz, dr. Gilberto, Lucas, e tantos outros espíritos, são os operários do amor desta que é uma das mais importantes colônias espirituais.

Daniel, atual presidente da colônia, é assessorado por Marques, que é encarregado de cuidar de todos os seus compromissos e da sua agenda.

Naquela manhã, ele bateu à porta do gabinete de Daniel apressado.

– Entre, Marques – disse Daniel.

– Perdoe-me mestre, mas temos uma solicitação urgente de Laços Eternos – disse o assessor entregando a ele um memorando.

Daniel, pacientemente abriu o pequeno envelope e leu o texto.

– Hum… – murmurou o mentor.

– O que faremos, senhor?

– Chame a Nina e o Lucas, por favor.

– Pode deixar – disse Marques se dirigindo rapidamente à porta de saída.

Daniel voltou aos seus afazeres até que Marques cumprisse com o solicitado.

Após algum tempo, Nina e Lucas chegaram atendendo à convocação de Daniel.

Leves batidas foram dadas à porta do gabinete.

– Entrem.

– Bom dia, Daniel!

– Bom dia, Nina! Venham, entrem… Como está, Lucas?

– Estou bem, meu presidente.

– Muito trabalho nas zonas inferiores?

– Até que não, as coisas estão bem calmas por lá.

Lucas é o encarregado de socorro nas zonas inferiores. Ele é o coordenador das equipes de resgate no Umbral.

– Eu tenho uma solicitação vinda da Colônia Espiritual Laços Eternos, vejam – disse Daniel entregando o memorando ao Lucas.

Nina, que estava sentada ao lado de Lucas, aproveitou para ler o pedaço de papel com ele.

– Acidente de carro?

– Sim, é uma jovem que estava sob o uso de drogas e sofreu um grave acidente. Desencarnou e está no Umbral. Lupércio e o nosso querido e amado Alexandre solicitam a nós o resgate dela.

– Daniel, é só você ordenar que faremos o resgate – disse Lucas. – Preparo a minha equipe e saio ainda hoje.

– O Lupércio tem um objetivo com esse resgate. Eu vou combinar tudo com ele, enquanto você prepara a equipe. Nina, se quiser acompanhar o grupo, eu agradeço, sei que seus afazeres podem te impedir, portanto, não ficarei chateado se você não puder ir.

– Eu irei, Daniel.

– Que bom! Prepare tudo, Lucas, enquanto eu alinho tudo com o Lupércio.

– Só isso, chefe?

– Somente, meu amigo.

– Se nos permite... – disse Lucas se levantando ao lado de Nina, que o acompanhou.

– Preparem tudo, meus amigos.

– Pode deixar – disse Nina se afastando.

As horas passaram, e Daniel mandou um recado ao Lucas e a Nina para que eles partissem para o Umbral. Marques lhes entregou um mapa com a localização de Carla.

Todos se prepararam para mais uma missão de resgate nas regiões de sofrimento do Umbral. Há muitos anos os espíritos que estão em Amor e Caridade se dedicam a essa tarefa.

Para isso, foi construído um posto de socorro na parte central do Umbral. O diretor é o médico desencarnado Gilberto, e sua história é retratada por mim no livro *O Médico de Deus*.

Após passar por longo período em Amor e Caridade, Gilberto foi convidado pelo Daniel para ser o diretor do posto de socorro de Amor e Caridade.

Vários foram os espíritos que se voluntariaram para a nobre tarefa de resgate. Tudo segue às Leis evolutivas que permitem a todos nós sermos auxiliados nos momentos mais difíceis após o desenlace carnal.

Hora da partida.

Todos prontos. O grupo de espíritos iluminados seguiu para mais uma jornada de amor ao próximo.

“

O Umbral é o lugar onde aqueles que não se alinharam às Leis Divinas precisam passar para purgar as mazelas da encarnação.

”

Lucas

O Umbral

Já era noite quando Lucas chegou aos portões de Amor e Caridade à espera da equipe que junto a ele iriam ao resgate de Carla.

Naquele momento, o primeiro a participar da caravana se aproximou.

– Olá, Lucas.

– Olá, Felipe.

– As meninas já estão vindo?

– Estou esperando o Gilberto, ele está terminando os atendimentos no hospital e irá conosco. Elas já estão prontas e estão vindo.

– É bom ter a presença de um médico nesses resgates.

– Sem dúvida – disse Felipe.

– Olha, o Rodrigo está vindo.

– Que bom! – disse Lucas.

Nina e Soraya se aproximaram prontas para seguirem para o Umbral. Naquele momento, dois guardiões se colocaram à frente do grupo e, assim, começaram a caminhada rumo ao resgate de Carla.

Eles seguiam por uma estreita trilha que descia por uma pequena mata fechada. À frente, os dois guardiões, atrás estavam Lucas e Felipe, e ao lado de Nina e Soraya, seguiam Rodrigo e Gilberto.

O Umbral ocupa um espaço invisível, que vai do solo em que vivemos até alguns quilômetros de altura da nossa atmosfera. O clima é denso, equivale a um estado de tristeza e desespero para nós. A densidade do lugar não permite que a claridade entre ali. Quando é dia, poucos raios de Sol se atrevem a penetrar às densas nuvens que cobrem o Umbral.

A impressão que se tem é de que o Umbral é um longo final de tarde, em que as nuvens, muito baixas, se confundem à névoa que existe no lugar. Durante a noite, não é possível ver as estrelas, e a lua aparece com uma cor avermelhada entre as volumosas nuvens, assim como o Sol quando consegue atravessar a densidade daquele lugar.

Há várias cidades no Umbral. Existem cidades grandes, médias e pequenas, onde milhares de espíritos vagam sem perceberem seu real estado. Apesar disso, há inteligências que lideram essas cidades. Há, ainda, grupos de nômades e espíritos solitários que habitam pântanos, florestas e abismos.

O Umbral é terrível.

A vegetação é variada. Muitas vezes, constituída por pouca variedade de plantas. As árvores são de baixa estatura, com troncos grossos e retorcidos e de pouca folhagem, as folhas que se atrevem a nascer são escuras e murchas.

Existem também áreas desertas, locais rochosos e lugares de vegetação rasteira composta de ervas e capim. Um capim escuro que não temos por aqui. Há, ainda, alguns animais sem forma definida. No Umbral, pode-se ver montanhas, vales, rios, grutas, cavernas, penhascos, planícies, regiões de pântano, e todas as formas que podem ser encontradas na Terra.

Como os espíritos sempre se agrupam por afinidade (igual a todos nós aqui na Terra), ou seja, nos unimos de acordo com o nosso nível vibracional, existem inúmeras cidades habitadas por espíritos semelhantes. Algumas cidades se apresentam mais organizadas e mais limpas que outras. Mas todas estão sob o céu negro do Umbral. Seres horríveis vagam pelas estradas escuras.

É possível questionarmos por que é permitido quc cxista essa estrutura negativa e de tanto sofrimento? Por que Deus permite isso?

Deus nos permite tudo, Ele nos deu o livre-arbítrio. O homem tem total liberdade para fazer tudo de ruim ou tudo de bom. Quando faz ou constrói algo de ruim, você acaba se prejudicando com isso e, aos poucos, com o passar de anos ou de séculos, vai aprendendo que o único caminho para a libertação do sofrimento e da felicidade plena é a prática do bem.

A vida na Terra e no Umbral é como uma grande escola onde aprendemos no amor ou na dor. Ninguém vai para o Umbral por castigo, ninguém está destinado a esse sofrimento.

A pessoa vai para o lugar que melhor se adapta à sua vibração espiritual no momento do desencarne ou àquilo que carrega dentro de si. Quando deseja melhorar, existe quem ajude. Quando não deseja melhorar, fica no lugar que escolheu.

Todos os que sofrem no Umbral, um dia são resgatados por espíritos do bem e levados para tratamento, para que melhorem e possam viver em planos de vibrações superiores.

Existem muitos que ficam no Umbral por livre e espontânea vontade, se aproveitando do poder e dos benefícios que acreditam ter em seus mundos. Tudo se assemelha, já me disse Lucas.

No Umbral existem várias equipes de socorro. Algumas trabalham nas zonas de sofrimento e outras nos diversos postos de socorro que existem em cada núcleo. Tudo é muito organizado.

Os postos de socorro se encontram espalhados pelas diversas regiões sombrias. Esses locais de ajuda, semelhantes a um complexo hospitalar, normalmente são vinculados a uma colônia espiritual de nível superior.

Neles, encontramos espíritos missionários que são de regiões mais elevadas, que trabalham para ajudar os espíritos que vivem nas cidades e regiões do Umbral e que estão à procura de tratamento ou orientação. Alguns precisam de refazimento perispiritual e são levados para outras unidades de tratamento espalhadas nas colônias espirituais.

Quando o espírito ajudado desperta para a necessidade de melhorar, crescer e evoluir, ele é levado para uma colônia na qual é tratado, e lá passa seu tempo estudando e realizando tarefas úteis para si e para o próximo, como pudemos ver nas linhas que retratam Laços Eternos.

Ao se sentirem incomodados e/ou mergulhados em sentimentos como o ódio, a vingança e a revolta, acabam retornando espontaneamente para os lugares de onde saíram. Continuamos sempre com o nosso livre-arbítrio, é bom lembrar disso...

Tudo é pensamento e atitude. Se tens bons pensamentos e boas atitudes, estarás sempre em bom lugar, do contrário, atrairás aquilo que sentes e deseja. É uma região purgatória, como nos explicam os espíritos amigos que trabalham nessa região.

Os postos de socorro não são cidades, mas alguns deles possuem grande dimensão, se assemelhando a uma pequena cidade no meio do Umbral. Muitos destes postos ficam nas regiões periféricas, alguns se encontram dentro das cidades do Umbral.

Vistos a distância, são pontos de luz e de beleza em meio à paisagem triste, escura, fria e nebulosa que compõem as paisagens naturais do Umbral. Os postos de socorro são constantemente procurados por pessoas desesperadas e perdidas que querem abrigo e ajuda.

Os espíritos que vivem nas regiões umbralinas ainda estão muito ligados ao mundo material. Por isso, sofrem. Alguns desses postos de socorro ficam em uma região transitória entre a Terra e o Umbral. Um lugar que eles chamam de transição. Uma colônia, assim podemos chamar.

Esses locais são destinados a socorrer e a orientar espíritos recém-desencarnados. Pessoas que acabam de morrer costumam ficar totalmente desorientadas. Muitas não sabem nem que estão mortas. É fácil imaginar o sentimento horrível e a loucura que uma pessoa nessa situação pode passar.

Estes postos estão localizados no mundo invisível exatamente no mesmo local onde estão hospitais, cemitérios, sanatórios, presídios, igrejas, centros espíritas etc. São nesses locais onde se pode encontrar o espírito de pessoas que acabam de desencarnar ou que estão procurando por algum tipo de ajuda.

São construções energéticas que, para os espíritos naquela frequência, são tão sólidos quanto os objetos desta nossa dimensão terrestre. Os espíritos mais sutis atravessam esses ambientes porque são mais rarefeitos, mas, naquela dimensão, para quem está lá, os objetos são tão densos quanto os daqui são para nós.

A pessoa se vê num ambiente propício para a recepção de recém-desencarnados, onde o que sobrou do cordão de prata é então rompido. A pessoa acorda num hospital extrafísico após a morte, não porque esteja doente, mas para romper essa conexão. Esses hospitais são locais de transição.

Dali ela passa para a dimensão correspondente ao seu nível. Os laços, após desfeitos, libertam o espírito para seguir seu destino. Nossos pensamentos e emoções se plasmam energeticamente em nossa aura, em nosso corpo perispiritual.

Assim, nós somos a somatória do que pensamos, sentimos e fazemos durante a vida. A cada noite, quando nos desprendemos do corpo físico, o corpo espiritual carrega a vibração de tudo o que ocorreu naquele dia.

Na hora da morte, a vibração do corpo espiritual, ou seja, nosso perispírito, é a somatória de tudo o que você pensou, sentiu e fez durante uma vida inteira.

Pode-se dizer que cada pessoa que desencarna carrega um campo vital contendo tudo o que ela é como resultado de tudo o que desenvolveu e fez em vida.

Quem tem uma vibração 'x' no corpo espiritual, após a morte, é atraída para o plano extrafísico de uma dimensão 'x', compatível com a vibração que ela porta.

O plano espiritual é dividido em subdimensões. Muitos as dividem em sete níveis, outros, em três.

Os que dividem em três, os fazem da seguinte maneira: plano astral denso, plano astral médio e plano astral superior.

No denso, estariam as pessoas complicadas, seria o chamado Umbral, o Inferno.

O plano astral superior seria o Paraíso no espiritismo.

E o plano astral médio seria onde se encontram as pessoas mais ou menos, ou seja, iguais a nós. Em outras palavras: a maioria.

E o lugar que nós espíritas chamamos de Umbral? A palavra Umbral significa ombreira da porta que separa um cômodo de outro; lugar através do qual se consegue entrar, ir para o interior de; porta, entrada, limiar, e é a divisória entre o plano terrestre e o plano astral mais avançado.

Uma divisória vibracional, onde quem tem o corpo espiritual denso não atravessa, como uma peneira vibracional.

Uma vez, a Nina me disse que Inferno e Paraíso são "portáteis", ou seja, você os carrega dentro de si. Se estiver no bem, o Paraíso estará dentro de você. Quando você sai do corpo nessa condição, você é atraído automaticamente por uma vibração semelhante à que existe em seu interior. A passagem para o Paraíso está dentro de nós. E o Inferno é a mesma coisa, é um estado íntimo de cada um de nós.

Veja uma pessoa cheia de autoculpa e compare com aquela imagem clássica do diabo colocando alguém dentro da caldeira e espetando. A autoculpa espeta mais do que qualquer diabo, porque nem é preciso o Inferno vir de fora: ele já está dentro, e o diabo é você mesmo. Nosso Paraíso é portátil levamos ele dentro de nós.

O Umbral é uma região muito pesada porque reflete o estado íntimo de quem lá está. Você encontra lugares que lembram abismos, cavernas escuras, tudo exteriorizado do subconsciente dos espíritos, como formas mentais. Quando você olha no fundo desses abismos, vê que está cheio de espíritos, mas eles não voam, são densos.

Você encontra favelas no plano espiritual, cidades medievais. Os espíritos vivem presos a formas mentais das quais, muitas vezes, são difíceis de escapar. São a estes que os seres evoluídos buscam ajudar nessas dimensões.

A equipe de socorro de Amor e Caridade seguia pelas estradas escuras do Umbral, em busca do local de destino onde Carla se encontrava.

Nina e Soraya se aproximaram de Lucas.

– Lucas?

– Sim.

– Estamos longe?

– Acredito que mais algumas horas e estaremos no local indicado no mapa.

– Está escuro aqui, você não acha?

– Vou pedir aos guardiões algumas tochas.

Lucas adiantou o passo para se aproximar dos guardiões que seguiam à frente do grupo.

– Guardião?

– Sim – disse um deles parando e esperando a aproximação de Lucas.

– Precisamos de algumas tochas para clarear a nossa caminhada.

– Vou providenciar, Lucas, espere um pouco.

Assim, após alguns minutos, Lucas recebeu quatro tochas acesas para auxiliá-los na caminhada.

Lucas distribuiu as tochas entre o grupo.

– Obrigada, Lucas!

– Agradeça aos guardiões, Nina.

– Quando eu estiver com eles, vou agradecer.

– Faça isso, por favor.

– Lucas?

– Sim, Felipe.

– Olhe à esquerda.

Todos olharam para o alto de um monte à esquerda.

– O que é aquilo, Lucas? – perguntou Soraya.

– Não sei, parece uma aurora boreal, estranho...

– Você nunca tinha visto isso aqui?

– Não, Soraya.

Uma luz colorida iluminava o alto da montanha. Uma luz esverdeada traçava um balé dançante sobre as colinas distantes. Feixes de luz violeta e branca se misturavam à luz verde, e seguiam um balé colorido no alto do céu.

– Venham, estamos perto – disse Rodrigo.

Mais à frente era possível ver um vilarejo abandonado. Casas abandonadas, nenhuma vegetação, uma escuridão que não permitia com que ninguém visse o que havia no interior daqueles casebres destruídos pelo tempo.

– Lucas?

– Sim, Rodrigo!

– O mapa indica ser este o lugar onde a nossa paciente se encontra, mas não há ninguém aqui...

– Deixe-me olhar o mapa.

Rodrigo se aproximou de Lucas e lhe entregou o pequeno pedaço de papel.

– Felipe, ilumine aqui para eu olhar, por favor – disse Lucas.

Felipe se aproximou com sua tocha na mão.

Rodrigo, Lucas e Felipe conferiram no mapa que realmente aquele era o lugar correto.

Gilberto se aproximou e disse:

– Eu acho que sei o que está acontecendo...

– O que é, Gilberto? O que está acontecendo?

– O mapa indicou ser este o lugar?

– Sim, estamos no local onde a Carla deveria estar.

– Meus amigos, como vocês sabem, eu sou o responsável pelo posto de socorro da nossa colônia aqui no Umbral. Posso lhes assegurar que já vi muita coisa por aqui. Prestem atenção neste mapa.

Todos se aproximaram e olharam novamente o papel.

– Não vejo nada demais neste mapa, Gilberto...

– Observem a estas pequeninas linhas aqui.

– O que tem elas?

– São túneis, Soraya.

– Túneis?

– Sim, são túneis. Acho que estamos sobre uma mina bem antiga. Precisamos achar a entrada dela.

– Como você sabe que é uma mina?

– Há vários túneis no Umbral. Eu mesmo já socorri a espíritos que viveram milênios nessas regiões. Eles cavavam esses túneis para criarem cidades subterrâneas, lugares nos quais não podíamos achá-los.

São lugares impressionantes.

Verdadeiras cidades ocultas nas profundezas do Umbral.

– Meu Deus! – disse Soraya assustada.

– E agora, o que faremos?

– Precisamos achar a entrada, Felipe.

– Vamos nos separar e procurar.

– Vamos! – disse Rodrigo.

Os guardiões se posicionaram estrategicamente para proteger o grupo, enquanto todos procuravam por algum sinal da porta de entrada das cidades subterrâneas.

– Achei! – gritou Rodrigo.

Todos correram ao seu encontro.

– Olhem! – disse ele mostrando uma pequena porta que dava acesso a um calabouço.

– Chamem os guardiões – disse Lucas.

Felipe correu ao local onde os guardiões estavam.

Todos se reuniram em frente à porta.

Os guardiões a abriram e foi possível ver uma escada que descia pelo chão adentro.

– Certamente, é este o lugar – disse Gilberto.

– Vamos entrar.

– Eu vou à frente, Felipe e Rodrigo venham atrás de mim, Nina e Soraya acompanhem o Gilberto, os guardiões ficam aqui para nos dar segurança para o resgate – disse Lucas.

Assim, todos começaram a descer pela grande escadaria.

Após alguns minutos de descida, eles finalmente chegaram a uma pequena cabana em local subterrâneo.

– Vejam, esta é uma cabana na qual se camuflam a entrada e a saída deste lugar. Venham! – disse Lucas abrindo a porta que dava acesso à rua.

Era impressionante o que todos viam naquele momento. Uma verdadeira cidade estava à frente de todos.

Vários espíritos passeavam livremente pelas ruas enlameadas.

Os bares estavam lotados de espíritos que bebiam e fumavam exacerbadamente.

Logo, o grupo foi notado pela liderança do lugar, que se aproximou com os seus soldados.

– Ei, ei, parem aí… quem são vocês?

Lucas e Rodrigo se colocaram à frente do grupo para protegê-lo.

– O que querem aqui?

– Somos de Amor e Caridade e viemos buscar a Carla.

Risos…

– Carla? Quem é essa Carla?

– Temos ordens para levá-la para a nossa colônia.

– Quem é você?

– Eu me chamo Lucas, e estes são os meus amigos da Colônia Espiritual Amor e Caridade, e você, quem é?

– Não importa quem sou eu. Não tenho que dar satisfação a vocês. Mas acho que vocês estão falando da nossa mais recente aquisição.

– Como assim, aquisição?

– Temos meios de controle dos espíritos que aqui chegam. Todos são subordinados ao chefe.

– Chefe?

– Sim, nosso chefe.

– Nós vamos levá-la a qualquer custo.

– Tragam a menina drogada! – ordenou o homem.

Naquele momento, Carla foi trazida à força por dois espíritos horríveis. Sujos, malvestidos e despedaçados.

– É a esta que vocês vieram buscar?

Nina se lembrou de Carla, pois ela pôde vê-la nos pensamentos de Janice.

– É ela sim, meu senhor.

– Quem é você, bonitinha?

– Eu me chamo Nina, Nina Brestonini.

– Ah, é você a famosa Nina de Amor e Caridade?

– Sim, todos nós somos de Amor e Caridade, e não queremos confusão, só viemos buscar a Carla.

– Vocês precisam da minha autorização para levá-la – disse o homem, alto e forte, se aproximando do grupo.

– Quem é você, meu amigo?

– Eu me chamo Dráuzio. Sou eu quem comanda este lugar e não precisamos de vocês aqui, e já lhes informo que não vou permitir que levem minha prisioneira.

– Nós só viemos buscá-la, só isso, não queremos confusão – disse Gilberto.

– Carla, você quer ir com estes iluminados? – perguntou Dráuzio.

– Não sei, eu não tenho certeza. Estou confusa...

– Sua mãe pediu que viéssemos te buscar, Carla – disse Nina.

– Estou muito confusa.

Eu não quero voltar para aquela vida que eu tinha, eu não tinha amigos, meus parentes me odiavam, eu nunca consegui um emprego, eu não tinha nada...

Pelo menos aqui, eu tenho a estes amigos que me acolheram quando cheguei. Agradeço a vocês por terem vindo até aqui, mas acho melhor eu ficar. Diga para a minha mãe que eu não quero viver em outro lugar, eu quero viver aqui.

Nina, Felipe, Lucas e Rodrigo se entreolharam. Eles sabiam que não era permitido resgatar a quem não quisesse ser resgatado. Há uma lei entre os espíritos, na qual não se pode ajudar a quem não quer ser ajudado, pois os espíritos não podem interferir em nosso livre-arbítrio.

– Carla, você tem certeza de que não quer a nossa ajuda? – disse Nina.

– Certeza absoluta eu não tenho, mas acho que é o melhor para mim neste momento.

– É melhor vocês irem embora, nós não queremos vocês aqui – disse Dráuzio indicando o caminho de volta aos espíritos de Amor e Caridade.

Todos se entreolharam desanimados. Foi quando um forte trovão e um clarão surgiram nos céus do lugar... naquele momento, uma linda carruagem branca, com cavalos também brancos, se aproximou do grupo deixando Dráuzio muito assustado.

Todos os que assistiam à cena se afastaram para que a carruagem pudesse estacionar entre eles. Uma leve poeira, como uma névoa, cobriu a tudo, o ambiente se tornou denso, porém, claro.

Os cavalos, imponentes, pararam e soltaram, pelas narinas, a uma fumaça branca exteriorizando a friagem do lugar.

Todos se assustaram e ficaram curiosos.

Quem acabara de chegar?

Quem estaria dentro da carruagem?

O cocheiro, muito bem-vestido, nada dizia.

O silêncio e a curiosidade eram tamanha.

A porta finalmente se abriu, e desceram Janice e Lupércio em direção ao grupo.

Carla não conteve a emoção e começou a chorar.

Janice se aproximou da filha e a abraçou fortemente.

A luz que saía dos corpos de Lupércio e Janice iluminavam todo o lugar.

Todos ficaram muito impressionados com tamanha luminosidade. Naquele momento, tudo se modificou.

– Mãe! – disse Carla emocionada e chorando.

– Meu amor – disse Janice abraçando carinhosamente a sua filha.

Nina se emocionou abraçada a Soraya.

Rodrigo, Lucas, Felipe e Gilberto observavam a tudo com atenção.

– Vamos sair daqui! – ordenou Dráuzio aos seus comandados.

Aqueles irmãos vagantes se afastaram imediatamente, temerosos pela presença da legião amorosa de luz.

Carla abraçava a Janice, emocionada.

– Minha filha.

– Mãe, que saudades. Como você está bonita! Deus, obrigada por permitir com que eu me encontrasse com a minha amada mãe. Que saudade, mãezinha... me perdoe pelo que fiz.

– Meu amor, eu vou te ajudar a sair daqui. Tivemos conhecimento de que você já estava se acostumando a esta vida, mas você precisa compreender que todos nós precisamos evoluir. Você precisa se conscientizar de que aqui não é lugar para nenhum filho de Deus, e que Ele quer que você seja feliz. Infelizmente, este lugar não traz melhorias a ninguém.

– Eu estava desesperançada, mamãe. Eu sei que fiz muita coisa errada, e foram essas coisas que me trouxeram para cá. Eu quero ir com você, por favor, me tira daqui.

– Você vai comigo, mas, neste momento, você precisa passar um tempo com os amigos da Colônia Espiritual Amor e Caridade. Você precisa de tratamento para que o seu corpo fluídico seja refeito e tenha condições de viver entre nós.

– Mas eu poderei vê-la?

– Sempre que possível, eu estarei perto de você. Nós estamos ligadas a muitas vidas e a minha maior alegria será ver que você seguiu adiante.

Carla abraçou a sua mãe ainda mais forte.

Todos assistiam a tudo, emocionados.

Lupércio olhou carinhosamente para os amigos da Colônia Amor e Caridade e os agradeceu com um gesto de cabeça.

– Obrigado, Lupércio! – disse Lucas.

– Meus amigos, voltem para Amor e Caridade e levem o meu abraço carinhoso ao Daniel. Deixaremos a Carla aos cuidados de vocês em sua colônia.

Agora, voltemos todos para as nossas colônias.

Todos se abraçaram felizes, afinal, conseguiram realizar o resgate de Carla. Assim, após breve confraternização,

Nina, Soraya, Felipe, Lucas, Rodrigo e Gilberto seguiram pela trilha de volta à Colônia Espiritual Amor e Caridade.

Carla foi transportada em uma maca segurada por dois enfermeiros que se juntaram ao grupo. Ela dormia tranquilamente o sono da recuperação.

“

Procure descobrir o seu caminho na vida. Ninguém é responsável por nosso destino, a não ser nós mesmos.

”

Chico Xavier

Lupércio

Após auxiliarem aos amigos de Amor e Caridade no resgate no Umbral, e deixarem Carla aos cuidados de Nina, Lupércio e Janice retornaram à Laços Eternos.

– Lupércio, eu não tenho palavras para agradecer a você pelo que você fez pela Carla. Aliás, estou muito honrada de ter sua companhia. Eu também quero agradecê-lo por você ter sido o meu mentor espiritual na minha última encarnação, eu pude ver isso quando foram apresentadas a mim algumas lembranças.

– Não tens que me agradecer. Estamos ligados há muitas vidas.

– Espero não ter dado muito trabalho a você na minha última encarnação.

– Foi com muito prazer e honra que estive ao seu lado.

– Eu gostaria de saber quais são os laços que nos ligam?

– Quer mesmo saber?

– Sim, claro. Eu não entendo muito bem os sentimentos que tenho e sinto quando olho para você. Eu nunca senti isso em lugar nenhum, perdoe-me dizer isso, mas eu sinto que há algo muito intenso entre nós dois.

– Esses sentimentos são os que nos ligam através das vidas em que vivemos juntos. Eles não se apagam, são laços que unem espíritos em evolução.

– Juntos?

– Sim, estamos ligados um ao outro há muito tempo.

– Quanto tempo?

– Muito… você quer mesmo saber de tudo?

– É claro que sim.

– Então, eu vou te mostrar quem sou, de onde viemos, e por que estamos juntos.

– Quem é você, Lupércio?

– Venha, vamos ao setor de Esclarecimento e Conscientização, lá poderei te mostrar o nosso primeiro encontro.

– Sério? Tivemos um primeiro encontro?

– Sim, vamos até lá.

– Vamos agora! Estou extremamente curiosa para saber de tudo.

Lupércio e Janice caminharam até o prédio que abrigava o setor responsável. Logo que chegaram, dirigiram-se à sala das telas, nas quais tudo se pode ver.

– Você está preparada, Janice?

– Muito… e curiosa também, como você pode ver.

– Sente-se e assista, tenha calma que tudo lhe será revelado.

Janice se sentou ao lado de Lupércio. A sala escureceu e uma das vidas deles começou a ser mostrada.

Roma 323.

O Imperador Romano Constantino comandava Roma após a morte de seu pai, Constantino Cloro. Ele assumiu o trono em um momento de grande agitação interna e seu império estava em decadência.

Naquela época, iniciava-se o Cristianismo, a fé cristã passava a ser aceita e até mesmo incentivada pelos romanos.

Era neste cenário que encontramos Gaudério e Vitória.

Ele, comandante do exército romano, e ela, apenas uma camponesa moradora de uma pequena cabana em uma vila um pouco distante da cidade.

Gaudério vivia um momento muito difícil, após perseguir cristãos e aprisioná-los seguindo orientações do Imperador, ele havia contemplado uma cruz durante a mais recente batalha e acreditava que Jesus era realmentc o salvador, e algo, dentro dele, se modificara.

Havia um desejo inexplicável em seu coração para seguir o mestre Jesus. Um chamado incompreensível e amargurado no peito daquele respeitado soldado.

Decidido a ouvir o seu coração, Gaudério deixou o quartel montado em seu cavalo e se distanciou da cidade para poder refletir sobre os sentimentos cristãos que assombravam o seu Ser.

Após algumas horas, ele chegou a uma planície muito bonita onde a relva verde convidava a um descanso. Ele viu a sua frente um poço coberto por uma pequena choupana, e então decidiu parar para beber água e descansar o animal.

Gaudério caminhou puxando seu cavalo pelas rédeas.

Ele se sentou, pegou uma cumbuca e começou a beber da salutar e refrescante água cristalina. Foi quando chegou Vitória com um jarro de barro. Ela vai até a fonte todos os dias para pegar água fresca para os seus pais.

Ao se deparar com o soldado romano, ela se assustou, mas não havia mais como se afastar. Eles já estavam bem próximos um do outro.

Ela, assustada, abaixou a cabeça evitando o olhar de Gaudério que, impressionado com a beleza da menina, permaneceu sentado, calado, e olhando àquela linda mulher.

– Você não vai me cumprimentar?

– Bom dia, senhor!

– Bom dia. Qual o seu nome?

– Eu me chamo Vitória, senhor.

– Bonito nome. Você mora por aqui?

– Sim, eu moro bem perto, senhor.

– Pare de me chamar de senhor.

– Sim, senhor.

– Me chame de Gaudério.

– Sim, Gaudério.

Vitória se abaixou e começou a encher seu vasilhame de barro.

Gaudério se aproximou e lhe ofereceu ajuda.

– Deixe-me te ajudar.

– Não precisa.

– Eu faço questão.

Assim, ele lentamente encheu todo o vasilhame.

– Eu vou te ajudar a levar, pois isso está muito pesado.

– Não precisa.

– Eu faço questão. Onde você mora?

– Bem perto.

– Vamos, eu vou levar até a sua casa. Só me faça um favor.

– Sim.

– Traga o meu cavalo.

Vitória pegou as rédeas do animal e começou a seguir Gaudério, que caminhava pela trilha.

– Quantos anos você têm?

– Vou fazer 20 anos.

– Você é muito bonita!

– Obrigada!

– O que vocês fazem aqui?

– Vivemos da plantação e da fabricação de farinha.

– Você tem irmãos?

– Não, sou filha única. Você é um soldado romano, né?

– Sim, dá para ver pelas minhas roupas, não?

– Não passam muitos soldados por aqui.

– Onde fica sua casa?

– Vamos à direita – indicou Vitória.

Após caminharem, calados, por algum tempo, finalmente eles chegaram a uma humilde casa.

– Aqui está bom – disse Vitória.

– Eu faço questão de levar e colocar lá dentro.

– Meus pais são de idade e vão se assustar com a sua presença.

– Não se preocupe, eu converso com eles.

– Meu Deus!

– O que disse?

– Nada, senhor, nada...

Gaudério entrou à pequena e humilde casa, e se dirigiu à cozinha na qual a mãe de Vitória estava cozinhando em um pequeno fogão à lenha. Ela se assustou com a presença do soldado romano.

– O que o senhor faz aqui?

– Calma, senhora, eu só vim trazer a água.

– Ele estava no poço, mamãe, e fez questão de trazer a vasilha pesada.

– Não se preocupe, senhora, eu não farei mal a ninguém.

– Até pouco tempo, vocês matavam os cristãos.

– Mas não matamos mais. Agora, desejamos que todos tenham a religião do Cristianismo, esta é a ordem do Imperador.

– Ainda bem que nos deixaram em paz.

– Vocês são seguidores do rapaz chamado Jesus?

– Somos seguidores do Messias.

– Por mim, não tem problema algum – disse Gaudério.

– Você quer água ou café?

– Aceito um café, Vitória.

– Posso me sentar?

– Sente-se aí – disse Selene, indicando um banco no canto da cozinha.

– Obrigado, senhora. Qual o seu nome?

– Selene.

– Bonito nome.

– Obrigada, senhor, e qual é o seu?

– Gaudério.

– O senhor é um soldado, não é?

– Sou mais que soldado, mas isso não importa.

Naquele momento, Vitória entregou-lhe uma caneca com café bem quente.

– Obrigado! – agradeceu o homem.

– O que faz por essas bandas?

– Eu precisava pensar um pouco, comecei a cavalgar e parei aqui.

– Você está bem?

– Mais ou menos. Eu estou com um aperto no coração. Acho que quero conhecer a esse tal de Jesus.

Naquele momento, Vitória e Selene se entreolharam desconfiadas do soldado romano.

Gaudério percebeu a reação e disse:

– Fiquem tranquilas, eu jamais faria qualquer coisa a vocês. O que digo é a mais pura verdade.

– Por que você quer conhecer a Jesus?

– Eu estava em uma batalha, quando me deparei com uma enorme cruz e ela me tocou profundamente. Não consigo apagar a imagem da cruz da minha mente.

– Quer mesmo conhecer a Jesus?

– Sim, Vitória, eu gostaria muito de conhecê-lo.

– Então, venha, eu vou te apresentar a Jesus. Só espere um pouco, eu tenho que pegar uma coisa.

– Espero sim – disse Gaudério se levantando e se aproximando da porta de saída.

Após Vitória voltar, eles saíram do lugar, foi quando ainda conseguiram ouvir às palavras de Selene.

– Não demorem, estou preparando um delicioso bolo para o nosso café.

Vitória, após pegar algumas anotações que tinha em seu quarto, caminhou em direção a uma colina, donde se podia ver um lindo vale abaixo. Ao seu lado e afoito estava Gaudério.

Eles caminhavam sem nada dizer, até que chegaram ao topo do monte.

Vitória se sentou e, ao seu lado, o lindo soldado Gaudério que curioso estava para conhecer melhor não só a Jesus, mas também a Vitória, que encantara o seu coração.

Algo acontecia entre eles.

Vitória já não conseguia mais esconder sua admiração pelo lindo rapaz.

– Sente-se aqui – disse ela batendo com a palma da mão esquerda, indicando que ele deveria se sentar bem mais perto dela.

A paisagem era um convite ao amor.

O lugar era extremamente lindo.

Pássaros revoavam sobre a planície exuberante…

Naquele instante, Vitória retirou de um pequeno caderno, algumas páginas bem antigas extraídas de algum livro.

– Que são essas páginas?

– São páginas do Evangelho de Jesus.

– Evangelho? O que é isso?

– Aqui estão relatadas as experiências de Jesus entre nós. São capítulos, versículos do Livro Maior.

– Livro Maior?

– Sim, o livro dos livros.

– E onde você conseguiu isso?

– Essa é uma história bem longa.

– Conte-me.

– Quer mesmo saber?

– Sim, quero saber.

– Você não vai me prender?

– Por que eu te prenderia?

– Jura que não fará nada comigo?

– Juro. Agora, me conte como você conseguiu estas páginas?

– Eu sempre trabalhei com os meus pais, desde menina… e sempre recebi pelo meu trabalho. Meus pais fazem questão de me pagar, eles dizem que todas as mulheres deveriam receber salário pelo trabalho.

– Que pensamento moderno o dos seus pais.

– Também acho, mas não reclamo, porque com os meus denários consigo comprar coisas para mim. Não é muito, mas me ajuda bastante. Certa vez, fui ao mercado central com uma amiga que professa a mesma fé que eu.

– E que fé é essa?

– A crença em Jesus e na vida eterna.

– Bem modernos os seus pensamentos.

– Deixe-me te contar uma coisa.

– Conte...

– Certa noite, eu estava dormindo e quando acordei pude ver claramente dois anjos dentro do meu quarto.

– Anjos?

– Sim, anjos. Eles eram bem altos e muito bonitos.

A princípio, eu acordei muito assustada, mas eles me acalmaram ao dizer que haveria grandes transformações no mundo em que vivemos. No começo, eu não entendi muito bem o que eles realmente queriam me dizer, mas hoje eu sei que a aceitação das experiências de Jesus e a liberação da propagação do Cristianismo é, na verdade, o que os anjos queriam me dizer.

– Você vê anjos?

– Você acredita em anjos?

– Eu nunca os vi.

– Realmente, é difícil para quem nunca os viu acreditar na existência deles.

– Mas eles existem?

– Sim, eu mesma já os vi várias vezes.

– Conte-me as histórias dessas páginas, como você as adquiriu?

– Eu contei sobre esses meus sonhos para algumas pessoas e fui procurada por um homem de nome Ciro.

– E o que ele queria?

– Que eu contasse para ele sobre os meus sonhos.

– Você contou?

– Sim, meus pais autorizaram que eu contasse.

– E o que aconteceu?

– Após me ouvir, ele disse que tinha essas páginas guardadas com ele, e que elas revelariam ensinamentos muito importantes para mim.

– E, então?

– Então, ele as ofereceu para mim, mas queria que eu pagasse por elas, e meus pais não concordaram com isso.

– Sabedoria a dos seus pais.

– Você acha?

– Sim, provavelmente se tratava de um aproveitador da fé alheia.

– Eu vou te mostrar as páginas, e depois você faz seu julgamento.

– Está bem!

Naquele momento, Vitória abriu o velho caderno e expôs algumas páginas do Evangelho de Jesus.

– Olhe.

– Parece bem antigo.

– Sim, é muito antigo. Ele me disse que este documento tem mais de 200 anos.

– O que está escrito aí?

– Eu vou ler para você. Posso começar?

– Sim, por favor.

– *Eis que o semeador saiu a semear e, ao semear, uma parte caiu à beira do caminho, e vieram as aves e as comeram. Outra parte caiu sobre solo pedregoso, onde não havia muita terra, e brotou imediatamente, por não haver profundidade de terra. Raiando o sol, foi crestadas e, por não ter raiz, ressecou-se. Outra parte caiu sobre espinheiros; espinheiros subiram e as sufocaram. Outra parte caiu sobre terra boa e dava fruto: umas cem, outra sessenta e outra trinta. Quem tem ouvidos, ouça!*

– Mas o que é isso?

– São parábolas.

– Mas por que Jesus falava em parábolas?

– Há uma explicação nesta outra página.

Vitória procurava pela outra folha, logo a encontrou e mostrou para Gaudério.

– Aqui Jesus explica por que fala em parábolas.

– Ele explicou?

– Sim, vou ler para você, preste atenção.

Se aproximando ainda mais dela, Gaudério se encantou com a sabedoria da jovem e bela Vitória.

Ela começou a leitura.

– *E, aproximando-se, os discípulos lhe disseram: Por que lhes falas em parábolas? Em resposta, Jesus lhes disse: Porque a vós foi dado conhecer os mistérios do Reino dos Céus, mas aqueles não foi dado conhecer. Pois àquele que tem lhe será dado, e terá com abundância: mas àquele que não tem até o que tem será tirado dele. Por isso, lhes falo em parábolas, porque vendo não vê ouvindo não ouvem nem compreendem.*

Neles se cumpre profecia de Isaías, que diz: Ouvireis com os ouvidos, e não compreendereis vendo, vereis e não enxergareis, pois, o coração deste povo se tornou cevado, com ouvidos pesadamente ouviram, seus olhos se fecharam; para que não vejam com os olhos, não ouçam com os ouvidos, não compreendam com o coração e se voltem para mim os curar.

Bem-aventurados os vossos olhos, porque veem; e os vossos ouvidos, porque ouvem. Pois amém vos digo que muitos profetas e justos desejaram ver o que vedes, e não viram: ouvir o que ouvis, e não ouviram.

Vós, portanto, ouvi a parábola do que semeou.

Todo aquele que ouve a palavra do Reino e não a compreende, vem o malvado e se apodera do que foi semeado no seu coração; esse é o semeado à beira do caminho.

O semeado sobre solo pedregoso é o que ouve a palavra, recebendo-a imediatamente com alegria, porém não tem raiz em si mesmo, mas é transitório; ocorrendo provação ou perseguição por causa da palavra, imediatamente se escandalizam,

O semeado entre espinhos é o que ouve a palavra, mas a ansiedade da era e o engano da riqueza sufoca{m} a palavra, e torna-se infrutífera.

O semeado sobre boa terra é o que ouve a palavra e a compreende: o qual frutifica e produz, um cem, outro sessenta, outro trinta.

Quem tem ouvidos para ouvir que ouçam...

– Nossa, algo despertou dentro de mim – disse Gaudério.

Vitória olhou carinhosamente e pegou na mão de Gaudério que, emocionado, não conseguia esconder seus olhos marejados de emoção repentina, após a leitura dos textos guardados com amor.

– Sente a presença de Jesus?

– Sinto algo inexplicável.

– É o chamado do Mestre para o trabalho incessante da evangelização.

– Eu sei que posso fazer muito mais modificando meus sentimentos e minhas atitudes. Agora eu sei o que Ele desejava me mostrar, quando colocou aquela cruz em meu caminho.

– Jesus te chamou para a vida plena.

– E eu aceito.

Vitória abraçou com ternura o homem que assumia ali o Jesus vivo em seu coração. Após longo abraço, eles estudaram juntos às páginas restantes daquele tesouro evangélico comprado com o suor e o trabalho humilde daquela camponesa.

– Linda a nossa história, Lupércio .

– Desde esse tempo estou ligado a você. Foi através desse encontro que descobri Jesus e passei a segui-lo. Tudo à minha volta se transformou e, se sou o que sou hoje, é porque você me apresentou a Jesus.

– Eu não fiz nada.

– Fez sim, e fez muito, não só por mim, mas por muitos espíritos que estão aqui.

– Quando terei todas essas lembranças?

– O tempo.

– O que tem o tempo?

– Ele é precioso para todos os espíritos. Temos de ser pacientes e brandos.

– Compreendo.

– Agora, o que faço?

– Agora, Janice, você começa a trabalhar aqui na colônia, muito em breve, após o seu despertar completo, você irá trabalhar ao meu lado.

– Ao seu lado?

– Sim, ao meu lado.

– Que honra!

– Merecimento. Colhe-se na vida espiritual os frutos do plantio terreno, lembre-se sempre disso.

Aqui você é o que é essência.

Aqui nenhum espírito consegue ser o que não é.

Aqui é o lugar onde aprimoramos nossa consciência e aperfeiçoamos nosso intelecto, à espera de novas oportunidade evolutivas.

Aqui é o lugar onde você pode viver ao lado de Jesus.

– Que honra estar aqui, Lupércio.

– Seja bem-vinda à Laços Eternos, Janice.

– Obrigada, meu nobre e amado Instrutor.

Ambos se abraçaram e seguiram suas vidas na Colônia Espiritual Laços Eternos.

Fim

"

Sempre que tentarem fazer com que você desista, tenha a consciência de que você é parte do projeto de Deus.

"

Osmar Barbosa

Carta aos meus mentores espirituais

Queridos mentores espirituais,

Primeiramente, eu gostaria de agradecer publicamente a vocês por não desistirem de mim. Sei que não sou fácil, que tenho muitos defeitos e muita coisa ainda para mudar. Mas tenho plena consciência que, sem vocês ao meu lado, certamente eu não estaria aqui escrevendo este texto.

Lembro-me sempre das dificuldades que enfrentei para aceitar o que comigo nasceu.

A mediunidade sempre esteve presente em minha vida e aceitar a missão mediúnica foi, sem dúvida, a decisão mais precisa de um espírito que expia para evoluir.

Sou e serei eternamente grato a vocês por tudo...

A gratidão é a melhor forma de dizer muito obrigado, mas ser grato não é suficiente nesse universo evolutivo. E é, por isso, que resolvi escrever a esta pequena mensagem.

Eu ainda não tenho plena consciência de quais são os motivos de vocês estarem ao meu lado, mas tenho cer-

teza de que há uma razão. E o que me alegra e me impulsiona é que, pelo grau em que vocês se encontram, certamente eu sou merecedor de tais companhias, pois atraímos aquilo que somos ou pensamos, como vocês já me ensinaram.

Cada dia, para mim, é uma nova oportunidade de aprendizado ao lado de todos vocês, e é por isso que nunca desistirei de mim mesmo, porque não podemos e nem é recomendado que nos esqueçamos de que nossa essência é espiritual. E ela é, sem sombra de dúvidas, o motivo desta caminhada terrena.

Estar aqui significa muito para mim. Eu sonho todos os dias em terminar esta tarefa e voltar ao convívio espiritual que me aguarda. Sei também que há muita coisa para ser descoberta por mim quando chegar à vida verdadeira.

Espero estar atendendo às necessidades de vocês, espero melhorar-me ainda mais, pois ainda há dias de Sol para viver ao lado daqueles que são meus professores diários, e quero, sinceramente, aproveitar ao máximo essas experiências.

No mais, agradeço a vocês por permitirem a mim o trabalho mediúnico o qual é tão útil a centenas de pessoas que, através da literatura ou dos atendimentos presencias, modificam suas vidas.

Não há palavras em meu curto intelecto que possam externar minha eterna gratidão.

No mais, vamos seguindo em frente, cada um fazendo seu papel nesse grande projeto, chamado vida, e sempre que possível, escrever uma linda história aproveitando as páginas em branco que Deus nos oferece todos os dias.

Gratidão eterna...

Osmar Barbosa

Outros títulos lançados por Osmar Barbosa

Conheça outros livros psicografados por Osmar Barbosa. Procure nas melhores livrarias do ramo ou pelos sites de vendas na internet.

Acesse

www.bookespirita.com.br

www.compralivro.com.br

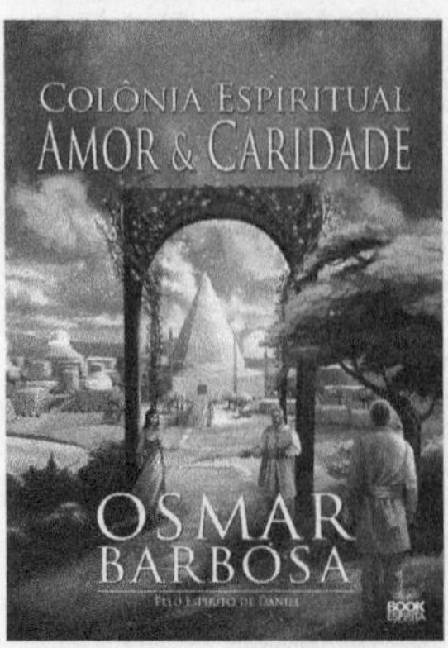

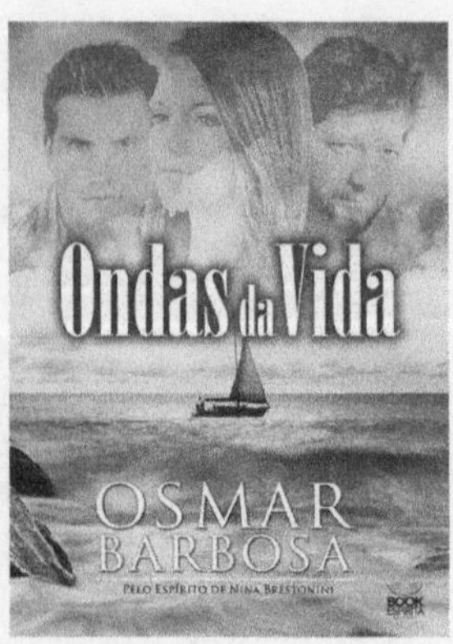

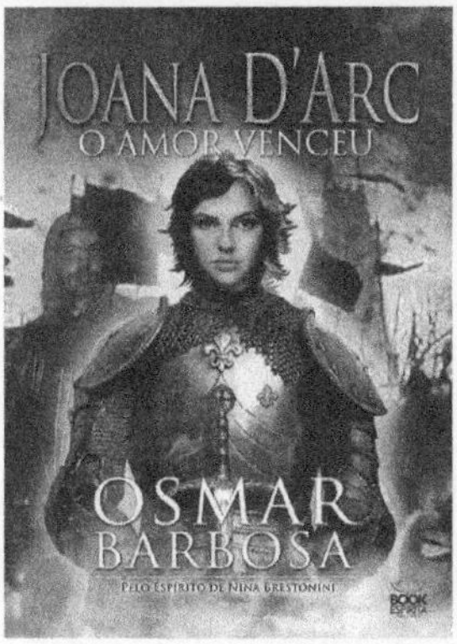
JOANA D'ARC
O AMOR VENCEU
OSMAR
BARBOSA
PELO ESPÍRITO DE NINA BRESTONINI

OSMAR
BARBOSA
ALÉM DO SER
A História de um Suicida

A
BATALHA
DOS
ILUMINADOS
OSMAR
BARBOSA

500
almas
OSMAR
BARBOSA
PELO ESPÍRITO DE NINA BRESTONINI

OSMAR
BARBOSA
PELO ESPÍRITO LUCAS
EU SOU
EXU

OSMAR
BARBOSA
Gitano
AS VIDAS DO
CIGANO RODRIGO

O Amanhã
nos Pertence
OSMAR BARBOSA
Pelo espírito Nina Brestonini

Mãe,
voltei!
OSMAR BARBOSA
PELO ESPÍRITO NINA BRESTONINI

O Lado
Azul da
Vida
OSMAR
BARBOSA
PELO ESPÍRITO NINA BRESTONINI

OSMAR
BARBOSA
DEPOIS...

O
LADO
OCULTO
DA
VIDA
OSMAR
BARBOSA

Entrevista
com
Espíritos
Os Bastidores do Centro Espírita
por
OSMAR
BARBOSA

Entre Nossas
Vidas
OSMAR
BARBOSA
Pelo Espírito de Nina Brestonini

COLÔNIA ESPIRITUAL
AMOR & CARIDADE
Dias de Luz
OSMAR
BARBOSA

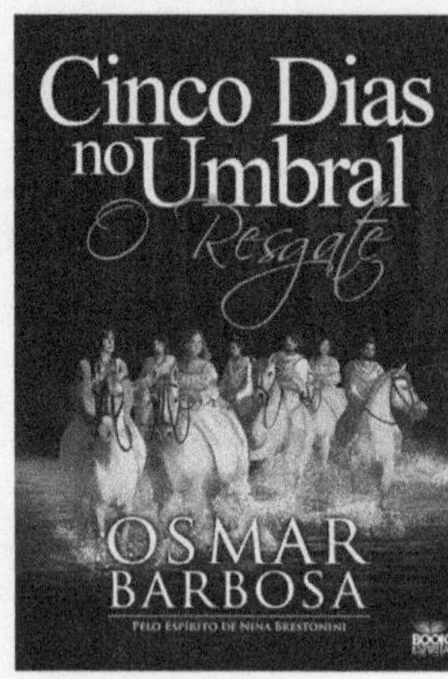
Cinco Dias
no Umbral
O Resgate
OSMAR
BARBOSA
Pelo Espírito de Nina Brestonini

OSMAR
BARBOSA
Amigo
Fiel

VINDE A MIM
O Evangelho no Lar
OSMAR
BARBOSA

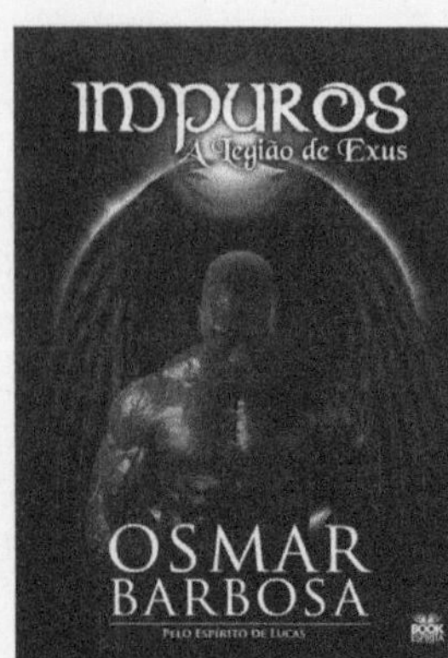
IMPUROS
A Legião de Exus
OSMAR
BARBOSA

O Médico de
DEUS
OSMAR
BARBOSA
PELO ESPÍRITO DE NINA BRESTONINI

AUTISMO
A ESCOLHA DE NICOLAS
OSMAR
BARBOSA
PELO ESPÍRITO DE NINA BRESTONINI

UMBANDA
PARA
INICIANTES
OSMAR
BARBOSA

OSMAR BARBOSA
PARAFRASEANDO
CHICO
XAVIER
Seleção das mais belas frases
de Chico Xavier

Acordei no
UMBRAL
OSMAR
BARBOSA
PELO ESPÍRITO DE LUCAS

ROMANCE ESPÍRITA
A ROSA
DO CAIRO
OSMAR
BARBOSA
PELO ESPÍRITO DE NINA BRESTONINI

OSMAR
BARBOSA
PELO ESPÍRITO DE NINA BRESTONINI
Cinco Dias
no Umbral
O Perdão

pelo Espírito NINA BRESTONINI
DEIXE-ME Nascer
OSMAR BARBOSA

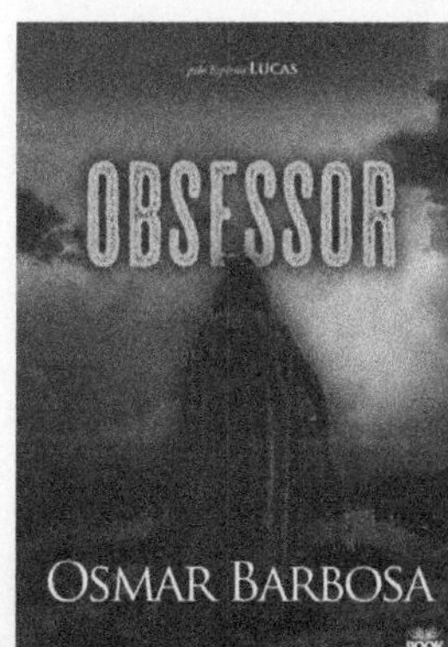
pelo Espírito LUCAS
OBSESSOR
OSMAR BARBOSA

IONAS
REGENERAÇÃO
UMA
NOVA
ERA
OSMAR BARBOSA

NINA BRESTONINI
DEAMETRIA
HOSPITAL AMOR & CARIDADE
OSMAR BARBOSA

A
Vida
depois da
Morte
OSMAR BARBOSA
NINA BRESTONINI e LUCAS

DEAMETRIA
A Desobsessão
Modernizada
OSMAR BARBOSA
CABOCLO VENTANIA

O
SUICÍDIO
DE ANA
OSMAR BARBOSA
NINA BRESTONINI e LUCAS

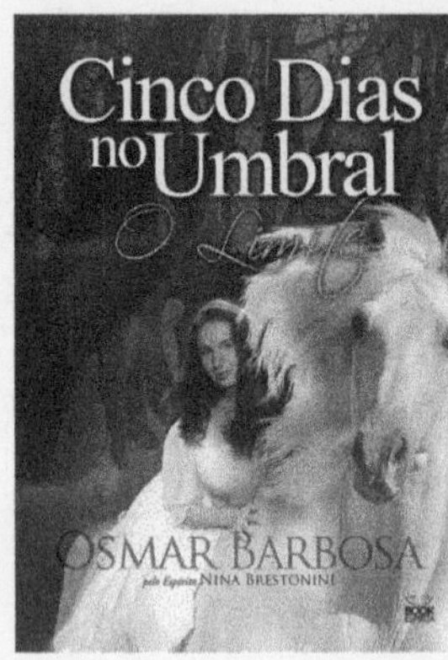
Cinco Dias
no Umbral
OSMAR BARBOSA
NINA BRESTONINI

GUARDIÃO
EXU
OSMAR BARBOSA
LUCAS

Esta obra foi composta na fonte Century751 No2 BT, corpo 13.
Rio de Janeiro, Brasil.